방금 한 말, 진짜 당신 생각인가요?

# 방금 한 말, 진짜 당신 생각인가요?

김범준 지음

시그마북스
Sigma Books

# 방금 한 말,
# 진짜 당신 생각인가요?

**발행일** 2026년 1월 28일 초판 1쇄 발행
**지은이** 김범준
**발행인** 강학경
**발행처** 시그마북스
**마케팅** 정제용
**에디터** 양수진, 최연정, 최윤정
**디자인** 김문배, 강경희, 정민애

**등록번호** 제10-965호
**주소** 서울특별시 영등포구 양평로 22길 21 선유도코오롱디지털타워 A402호
**전자우편** sigmabooks@spress.co.kr
**홈페이지** http://www.sigmabooks.co.kr
**전화** (02) 2062-5288~9
**팩시밀리** (02) 323-4197
**ISBN** 979-11-6862-296-8 (03190)

* **시그마북스**는 (주)**시그마프레스**의 단행본 브랜드입니다.

## 들어가며:
## 나만의 언어로 세상을 말하다

우리의 일상은 언어로 가득 차 있습니다. 아침에 눈을 뜨는 순간부터 잠자리에 들 때까지, 우리는 끊임없이 말하고, 듣고, 읽고, 씁니다. 그런데, 우리는 과연 이 언어들을 진정 '나의 것'으로 만들고 있을까요?

소설가 김영하 씨는 학생들을 가르칠 때 '짜증 난다'라는 표현을 지양하게 했다고 합니다. 자신이 느낀 복합적인 감정을 '짜증 난다'라는 한 단어로 뭉뚱그려버리면 각자의 내면을 섬세하게 들여다볼 수 없기 때문입니다. 이처럼 우리가 쓰는 언어는 저마다의 생각과 감정을 담는 그릇과도 같습니다. 다양하고 섬세한 언어를 쓸수록, 나 자신을 더욱 다채롭게 담아낼 수 있습니다.

말로 성공하는 것, 쉽지 않습니다. 하지만 말로 잘못되는 경우는 너무나 흔합니다. 선거를 앞둔 정치인이 한 지역주민 간담회에 참석합니다. 그런데 주민들을 위한다고 하면서 다른 특정한 지역의 전통 음식을 비하하는 발언을 합니다. 물론 그는 분위기를 띄우고자 가볍게 던진 농담이라고 생각했을 겁니다. 하지만 지금이 어떤 시대인가요? 그의 발언은 순식간에 온라인 커뮤니티를 통해 확산되고, 해당 지역주민들의 거센 항의와 비판이 따를 것입니다. 어쩌면 선거 출마를 포기해야 할지도 모릅니다.

거창하게 정치 이야기까지 갈 것도 아닙니다. 말 한마디로 인해 가까운 사람과의 관계가 단절되는 경우는 또 얼마나 흔한가요? 한 어머니가 며칠째 집에 누워만 있는 딸을 비꼬며 잔소리를 합니다. "너는 집에서 하는 일이 뭐니? 숨 쉬는 기계니?" 물론 말은 이렇게 해도, 그 속에는 딸에 대한 걱정, 딸이 잘되기를 바라는 마음이 담겨 있었을 겁니다. 하지만 이 말을 들은 딸은 모멸감을 느끼고 방문을 걸어 잠그기에 이릅니다. 이렇게 가족 관계까지 순식간에 틀어지게 만들 수 있는 것이 말 한마디의 힘입니다.

한편 우리는 정보의 홍수 속에서 살아가고 있습니다. 끊임없이 쏟아지는 의견과 주장 사이에서, 우리는 자칫 자신의 목소리를 잃어버릴 수 있습니다. 다수의 의견에 휩쓸리거나, 유행어와 남의 말을 그대로 '복붙'하여 자신을 표현하는 것에 익숙해지게 되는 것이죠. 그동안의 언어생활을 돌아볼까요? 다수의 생각이 곧 진리라고, 여론과 내 생각이 당연히 같을 거라고 착각하며 살고 있지는 않나요? 요즘 유행하는 말, 또는 어디선가 주워들은 타인의 그럴듯한 말로 내 의견을 간편하게 대체하고 있지는 않나요? 수많은 목소리가 무분별하게 쏟아지고 있는 시대에, 과연 나라는 사람은 '나다운 언어'로 말하고 있나요?

이 책은 바로 그 지점에서 출발합니다. 어떻게 '나다운 언어'를 발견하고, 그것을 통해 세상과 원만히 소통할 수 있을까에 관한 궁금증에서 뻗어나갑니다. 수많은 목소리 사이에서 나를 잃지 않고 나만의 언어를 구축해 표현하는 방법에 대한 이야기입니다. "언어는 존재의 집이다"라는 하이데거의 말처럼, 우리는 언어라는 집에서 살아가며 언어를 통해 세상과 만나게 됩니다. 그런데 우리가 살고 있는 이 언어라는 집은 과연 얼마나 튼튼하고 안전할까요? 매일 무수한 의사소통을 하며 살아가지만, 정작 내가 하는 말들이 진정 나로부터 나온 것인지 돌아볼 여유는 없었던 것 같습니다.

먼저 우리는 자신의 언어 사용 패턴을 점검해야 합니다. 그동안 무의식적으로 반복해왔던 언어 습관들을 의식적으로 들여다보고, 그 저변에 깔려 있던 근본적인 원인을 파악해야 합니다. 우리의 언어는 타인의, 사회의 영향을 받을 수밖에 없습니다. 기억해야 할 것은 이러한 특성을 인정하면서도, 잃어버리지 말아야 할 나만의 고유한 목소리까지 잃어버리지는 말자는 겁니다.

이 책의 1장 '방금 한 말, 진짜 당신 생각인가요?'에서는 현대 사회의 언어 사용 실태와 그로 인한 문제점들을 심도 있게 살펴봅니다. 자기 의견을 솔직하게 말하지 못하거나 타인의 의견을 무비판적으로 수용하는 경향에 대해 분석해봅니다. 또한 유행어와 밈 등 '요즘 말'의 무분별한 사용, 숏폼 콘텐츠가 낳은 부작용, 인용과 표절에 관한 문제 등을 폭넓게 짚어보겠습니다. 장 말미에는 우리의 언어 생활을 스스로 점검해볼 수 있는 진단표를 제시했습니다.

2장 '당신은 왜 줏대 없는 사람이 되었나'에서는 1장에서 제기된 문제들의 근본적인 원인을 알아봅니다. 소수가 되는 것을 두려워하는 심리, 집단사고의 함정에 빠져 다수의 의견을 무비판적으로 따르는 현상을 분석합니다. 이외에도 비판적 사고의 부재, 정보 과잉 시대의 역설, 언어의 상품화 현상 등 현대인의 언어 사용에 영향을 미치는 다양한 심리적·사회적·문화적 요인을 탐구해보겠습니다.

3장 '나다운 언어를 발굴하는 법'에서는 자신만의 언어를 찾고 발전시키는 구체적인 방법들을 이야기합니다. 다양한 매체에서 좋은 콘텐츠를 가려내는 능력 기르기, 텍스트의 맥락과 저자의 의도를 파악하는 비판적 읽기, 메모와 요약을 통한 생각 정리하기, 소크라테스 문답법 적용해보기, 감정 어휘 확장하기, 논리적 사고 훈련 등 실질적인 방법들을 다룹니다.

4장 '나다운 언어를 지키는 법'에서는 이렇게 발견한 자신만의 언어를 지속적으로 발전시키고 유지하는 방법을 소개합니다. 확장된 독서를 통한 지적 자극, 일상에서 지적 호기심 유지하기, 읽기와 쓰기의 균형 맞추기, 경청의 기술, 건설적인 토론 방법, 언어 일기 쓰기 등 세부적인 방안에 대해 알아보겠습니다.

　이 책은 언어적·사고적 혼란 속에서 길을 잃은 여러분이 다시금 여러분만의 언어를 찾고, 그 언어를 통해 여러분만의 세계를 넓혀나갈 수 있도록 돕고자 합니다. 단순히 올바른 문법과 표현에 대한 이야기가 아닙니다. 언어의 진정한 의미와 본질을 돌아보고, 다양한 말과 글을 주체적으로 수용하며, 궁극적으로는 자신만의 고유한 언어 체계를 꾸려나가는 여정, 이 책은 그 여정의 첫걸음이 되어줄 것입니다.

　진정한 소통은 자신의 생각과 감정을 솔직하게 드러내는 동시에 타인의 관점을 경청하며 이해하려는 노력에서 시작됩니다. 이 과정에서 때로는 불편한 진실을 마주하거나, 자신이 틀렸음을 인정해야 할 수도 있습니다. 그러나 바로 그 지점에서 우리의 언어는 더욱 풍부해지고, 우리의 사고는 더욱 단단해지며, 우리의 존재는 더욱 명확해질 것입니다. 이

책을 통해 여러분이 여러분다운 언어를 통해 세상과 소통하고, 자신을 표현하며, 그리하여 진정한 자아를 발견하는 의미 있는 여정을 시작할 수 있기를 진심으로 바랍니다.

우리는 언어를 통해 세상을 이해하고, 언어를 통해 우리 자신을 완성해나갑니다. "당신의 언어는 안녕한가요?" 이 질문에 자신 있게 "예"라고 답할 수 있는 그날까지, 이 책이 여러분의 든든한 동반자가 된다면 더할 나위 없이 기쁘겠습니다.

언어가 우리의 세계를 확장하는
도구가 되기를 기대하며

김범준

# 차례

## 1장

# 방금 한 말,
# 진짜
# 당신 생각인가요?

# 2장

# 당신은 왜
# 줏대 없는 사람이
# 되었나

# 3장

# 나다운 언어를
# 발굴하는 법

# 나다운 언어를
# 지키는 법

# 1장

## 방금 한 말, 진짜 당신 생각인가요?

# 이 말도 맞는 것 같고,
# 저 말도 맞는 것 같다

회사에서 점심을 먹던 중 한 동료가 말을 꺼냈습니다. "요즘 집값이 너무 올랐네요. 정부가 뭔가 대책을 내놔야 하는 거 아닌가요?" 옆에 앉아 있던 선배가 거들었습니다. "맞아. 정부가 하루빨리 개입을 해야 집값이 안정되지." 이에 다른 동료가 받아쳤습니다. "아니에요, 시장에 맡겨두는 게 맞아요. 정부가 개입하면 오히려 더 꼬이죠." 그러자 선배가 고개를 끄덕이며 말했습니다. "그러게, 그 말도 맞아. 시장의 논리에 따르는 게 제일 자연스럽지."

순간 테이블이 조용해졌습니다. 뭔가 어색한 침묵이 흘렀죠. 솔직히 저는 이 대화를 들으며 '뭐지?' 하는 생각이 들었습니다. 이런 경험, 여러분도 있으실 겁니다. 회사 단체 메신저방, 친구들과의 술자리, 가족 모임 등 어디서든지요. "맞아요", "그러게요", "음… 그것도 일리가 있네요"…. 모두 일상 대화에서 반복해 쓰곤 하는 말들입니다. 그런데 얼핏 평범해 보이는 이 표현들에서, 저는 우리의 혼란스러운 언어 현실의 단면을 봅니다.

사람마다 의견이 다를 수 있는 주제에 대해 대화를 나누다 보면 종종 '이 말도 맞는 것 같고, 저 말도 맞는 것 같은' 상태에 빠지곤 합니다. 이를 단순히 개인의 우유부단한 성격 탓으로만 치부할 수는 없습니다. 정보가 쉴 새 없이 쏟아지고 날로 복잡다단해지는 현대 사회에서, 자신만의 견해를 잃어버리고 타인의 의견에 휘둘리게 되기란 너무도 쉽죠. 그렇게 우리의 언어는 주체성을 잃고 모호해지며, 진정한 소통은 점점 더 어려워집니다.

2021년의 일이죠? 코로나19 백신 접종이 본격화되면서 한국 사회에서는 백신의 안전성과 효과에 대한 열띤 논쟁이 일어났습니다. '백신 안에 사람을 추적하는 칩이 들어 있다'는 음모론까지 대두되었고요. 하지만 이러한 논쟁의 한복판에서 제가 가장 답답했던 건 "백신이 효과가 있다는 말도 일리가 있는 것 같고, 위험하다는 말도 맞는 것 같아요. 그러게요, 어떻게 해야 할지 모르겠네요…"를 반복하는, 이것도 저 것도 아닌 말들이었습니다. 자신의 의견을 정립하지 못한 채 그저 타인의 말만 되풀이하는 전형적인 사례였죠.

## '중립'의 탈을 쓴 '회피'?

언어를 고급스럽게 디자인할 수 있는 사람이란, 자신이 수집한 여러 의견들을 단순히 반복하기보다는, 그것들을 종합하여 자신만의 견해를 형성하고 표현할 줄 아는 사람일 겁니다. 예를 들면 이렇게요.

"백신의 효과와 위험성에 대해 여러 의견을 들어봤습니다. 제가 이해한 바에 따르면, 백신이 코로나19 감염 예방에 효과가 있다는 점은 분명해 보입니다. 다만 일부 부작용 사례가 보고되고 있어 우려되는 점도 있습니다. 저는 개인 적으로 백신의 이점이 위험성보다 크다고 생각하기 때문 에 접종을 받을 계획입니다. 하지만 각자의 건강 상태가 다르므로, 접종 여부는 개인의 상황을 고려해 신중하게 결정해야 한다고 생각합니다."

한 고등학교 토론회에서 학교폭력의 원인에 대해 의견을 나눈다고 해보죠. 한 학생이 "입시 위주의 경쟁적인 교육 환경 때문"이라고 주장하고, 다른 학생은 "개인의 인성 문제"라고 반박합니다. 이때 사회자는 어떻게 토론을 이끌어야 할까요?

"네, 두 분 다 좋은 의견 주셨습니다. 경쟁적인 환경 때문이라는 말씀도 일리가 있고, 개인의 인성 문제라는 지적도 맞는 것 같습니다."

여기서 끝나기엔 뭔가 심심하죠. 물론 일견 중립적이고 합리적인 멘트로 보일 수 있습니다. 하지만 두 논점에 대한 통찰 없이, 그저 들은 내용을 반복했을 뿐입니다. 이러면 사회를 보는 사람이 굳이 필요하지 않죠. 훌륭한 사회자라면 양측의 의견을 단순히 나열하는 데 그치지 않고, 이를 갈무리해 더 깊이 있는 분석과 제3의 관점을 제시할 것입니다. 이렇게 말입니다.

"두 분 모두 중요한 지점을 짚어주셨습니다. 학교폭력은 복합적인 문제라고 생각합니다. 경쟁적인 교육 환경이 학생들에게 스트레스를 주고, 결국 이것이 폭력으로 이어질 수 있다는 점, 그리고 개인의 인성 함양도 필요하다는 점 모두 동의합니다. 제 생각에는 이 두 가지 요소가 서로 연결돼 있는 것 같습니다. 학교폭력 문제를 해결하기 위해 교육 시스템의 개선과 인성 교육 강화가 동시에 이루어져야 한다고 보는데, 이에 대해 계속해서 말씀 기대합니다."

다른 사람의 의견에 대해 판단을 미루고 무작정 받아들이는 습관. 겉으로는 이것이 개방적이고 유연한 태도로 보일지 모릅니다. 하지만 실제로는 '나'라는 주체가 쏙 빠진, 알맹이 없는 동의에 불과합니다. 이러한 현상의 원인은 다양합니다. 정보의 과잉으로 인한 혼란, 빠른 반응을 요구하는 현대 사회의 특성, 갈등을 회피하려는 심리, 그리고 비판적 사고를 기르는 교육의 부족 등을 들 수 있습니다.

## 이쪽도, 저쪽도 아닌 '나만의' 언어로

언어는 곧 세상을 이해하고 자신을 표현하는 방식입니다. '이것도 맞는 것 같고 저것도 맞는 것 같다'라는 식의 애매한 언어에 익숙해지면, 우리의 사고도 점점 흐릿해집니다. 항상 확신에 찬 말만 하라는 것이 아닙니다. 정말 잘 모르겠다면 '잘 모르겠다'라고 말해야 하는 순간도 때론 있습니다. 그것 또한 나만의 솔직한 관점이니까요. 중요한 건 모르겠음에도 무작정 '동의'를 외치지 말자는 것, 더 나아가 비록 쉽지 않을지라도 어떻게든 자신만의 관점을 가지려고 조금씩 노력해보자는 것입니다.

이제 누군가 여러분의 의견이 둘 중 어느 쪽인지 묻는다면, "둘 다 맞는 것 같아요" 대신에 "저는 이렇게 생각해요"라고 말해보는 건 어떨까요? 처음에는 어색할 수도 있습니다. 하지만 그렇게 한 번 두 번 연습하다 보면 어느새 여러분만의 목소리를 찾게 될 것이라 확신합니다. 그리고 그때, 진짜 대화가 시작됩니다.

## "넌 어떻게 생각해?"라는 질문이
## 어려운 이유

"넌 어떻게 생각해?" 이 말을 들으면 어떠신가요? 마치 갑자기 나만 스포트라이트를 받는 것 같은 느낌이 들고, 머릿속이 하얘지면서 "어…" 혹은 "음…" 소리만 나오지 않나요?

작년으로 기억합니다. 회식 자리에서 동료들과 치킨을 먹으며 국민 예능 프로그램 「무한도전」의 재결합에 관해 이야기한 적이 있습니다. 첫 방송 20주년을 맞이해 「무한도전」이 과연 재결합을 할 수 있을지가 당시의 뜨거운 이슈였거든요. "진짜 다시 나왔으면 좋겠다!" "아니야, 이미 시대가 지났어. 억지로 하면 옛날만 못할 거야." 말들이 많았죠. 조용히 치킨만 축내고 있었는데, 갑자기 한 동료가 저에게 물었습니다. "너는 어떻게 생각해?"

그 순간 제 머릿속에는 온갖 생각들이 스쳐 지나갔습니다. '나는 사실 재결합했으면 좋겠는데. 그런데 만약 내가 찬성한다고 했는데 동료들이 반박하면 어쩌지?' 결국 제가 한 말은 이랬습니다. "…글쎄." 집으로 돌아오며 곱씹어보니 뭔가 아쉬웠습니다. 저는 「무한도전」을 정말 좋아했거든요. 당연히 다시 보고 싶죠. 그런데 왜 그 간단한 말을 하지 못했을까요?

## 우리를 쓸데없이 망설이게 하는 것들

"넌 어떻게 생각해?"라는 질문을 받았을 때, 여러분은 즉각적으로 의견을 말할 수 있나요? 아니면 "글쎄…"라고 하며 시간을 벌거나, "나도 잘 모르겠어"라고 하는 편인가요? 의외로 많은 사람들이 이 질문 앞에서 망설이고 어려워합니다. 왜 우리는 자기 생각을 표현하는 것을 어렵게 받아들일까요? 이 현상의 근본적인 원인 중 하나는 우리 사회의 교육 시스템이 아닐까 합니다.

한국의 교육은 오랫동안 '정답'을 찾는 데 치중해왔습니다. 수학은 물론 국어, 역사 등 어떤 과목에서든 하나의 정답을 찾아내는 것이 제일 중요하게 여겨졌죠. 그런 환경에서 자란 우리는 사회에 나가서도 '옳은 답'만 말해야 한다는 생각에 사로잡힙니다. 하지만 현실의 많은 문제는 하나의 정답만으로 해결되기 어렵죠. 또 다른 원인은 타인의 시선에 대한 과도한 의식입니다. 한국 사회는 집단주의적 성향이 강하고, 타인의 평가를 중요하게 여기는 문화가 있습니다. '틀린 말을 하면 어쩌지?', '다른 사람들이 나를 어떻게 볼까?'라는 걱정이 늘 앞서 있습니다.

예를 들어 팀 회의 중 상사로부터 "○○ 씨, 이 안건에 대해 어떻게 생각해요?"라는 질문을 받으면, 보통 우리는 당황하며 "아, 네… 글쎄요. 여러 의견이 다 일리가 있는 것 같습니다"라고 말하기 쉽습니다. 그 안건에 대해 자기 나름의 생각이 있었더라도 말이죠. 자신의 의견이 상사나 동료 들의 의견과 다를까 두려워, 또는 틀린('틀린' 말도 아니죠. '다른' 말인 거죠) 말일까 두려워 섣불리 말하지 못하는 겁니다. 편하게 "네, 이 안건에 대해 저는 이렇게 생각합니다. 그 이유는 다음의 세 가지 때문입니다. 다만, 제가 미처 고려하지 못한 부분이 있을 수 있으니, 다른 분들의 의견도 듣고 싶습니다"라고 이야기해도 되는데 말이죠.

괜찮아요. 연습하면 됩니다. 친구들과 카페에서 이야기하다 드라마 「폭싹 속았수다」 이야기가 나왔는데, 한 친구가 물어봅니다. "넌 「폭싹 속았수다」 봤어? 어땠어?" 이럴 때 "응, 재미있더라" 정도로만 대답하지 말고, 좀 더 구체적으로 말하자는 겁니다. "봤어. 솔직히 결말이 너무 뻔했는데 배우들 연기는 진짜 최고였어. 뻔한 걸 알아도 도저히 눈물을 어떻게 할 수가 없더라고. 너는 어땠어?" 이렇게 하면 친구들과 더 재미있게 이야기를 나눌 수 있지 않을까요?

## "넌 어떻게 생각해?"라는 질문은 기회다

더 작은 것부터 연습해도 좋습니다. 카페에서 "뭐 드릴까요?"라고 물으면 예전에는 그냥 "아메리카노요"라고 했다면 이제는 "아메리카노로 주세요. 좀 진하게 해주시면 좋겠어요"라고 말하는 겁니다. 네, 맞습니다. 이게 연습입니다. 친구가 "점심 뭐 먹을까?"라고 물으면 "아무거나"가 아니라

"오늘 좀 얼큰한 게 먹고 싶은데, 김치찌개 어때?"라고 제안할 줄도 알았으면 좋겠습니다. 별것 아닌 것 같지만, 이런 작은 연습들이 쌓이면 좀 더 중요한 상황에서도 의견을 말하기가 수월해질 것입니다.

이제 저는 "넌 어떻게 생각해?"라는 질문을 받으면 당황스럽기보다는 약간 기대가 됩니다. '아, 내 생각을 자유롭게 말할 기회구나' 하는 생각이 들거든요. 완벽한 답을 할 필요는 없습니다. 그냥 솔직하게, 자신 있게 내 생각을 말하면 됩니다. 틀려도 괜찮고, 다른 사람과 의견이 달라도 괜찮습니다. 중요한 건 나라는 사람이 생각할 줄 아는, 아니 생각하는 사람이라는 걸 보여주는 겁니다.

## 왜 다들
## 비슷비슷한 말만 할까?

"오늘 점심 뭐 먹을까?"

"아무거나!"


"어제 본 영화 어땠어?"

"그냥 볼만했어."


"이 옷 어때?"

"괜찮네."


요즘 문득 제 대화를 녹음해서 들어보고 싶어졌습니다.

"아무거나", "괜찮네", "그냥 그래", 이런 말들이 80%는 될 것 같거든요. 최근에 깨달은 겁니다. 저는 방문했던 음식점들마다 꼭 리뷰를 씁니다. 그런데 그동안 썼던 리뷰들을 다시 훑어보니, 그냥 "맛있어요"라고만 작성한 게 대부분이더라고요. 맛있었던 삼겹살집에도 "맛있어요", 평범했던 파스타집에도 "맛있어요", 심지어 실망스러웠던 설렁탕집에도? "맛있어요".

## '복사+붙여넣기' 같은 우리의 대화

흔하게 듣는 말 중 하나가 "대박"이죠. 놀랄 때도 대박, 맛있을 때도 대박, 예쁠 때도 대박, 심지어 별로일 때도 "대박! 이게 뭐야?" 편리한 단어는 맞습니다. 온갖 감정을 다 담을 수 있으니까요. 그런데 문제는 이 한 단어로 모든 표현을 해결하려다 보니, 정작 내가 정확히 어떤 기분인지 표현할 수 없게 됐다는 것입니다.

친구들과 새로 생긴 삼겹살집에 갔을 때의 일입니다. 주문한 메뉴가 나오자마자 모두가 "대박!"을 외쳤습니다. 그런데 막상 먹어보니 제가 느낀 건 이랬습니다. '와, 담음새가 정말 멋지다! 그런데 간이 좀 세네? 인스타용으로는 완벽한데 한 번만 와도 될 거 같아.' 그러나 저도 그냥 "대박!" 하고 말았습니다. 그냥, 그게 제일 쉬우니까요. 가장 '안전'한 표현이라는 것이죠.

직장 업무 시간에는 더 심한 듯합니다. 대답에 일종의 '템플릿'이라도 있는 것 같으니까요. 예를 들면 이런 것들이죠.

상사가 뭘 시킬 때: 네, 알겠습니다!

회의에서 의견을 물어볼 때: 좋은 아이디어인 것 같습니다.

타 부서 담당자와 업무 회의를 마칠 때: 수고하세요.

언젠가 리더가 새로운 프로젝트 계획을 설명한 후 팀원들에게 "다들 어떻게 생각해요?"라고 물어봤습니다. 저는 사실 그 계획이 현실적으로 어려울 것 같다는 생각이 들었습니다. 일정도 너무 빡빡하고, 리소스도 부족해 보였거든요. 하지만 결국 제가 한 말은 "좋은 계획인 것 같습니다"였습니다. 그게 가장 무난하고 안전한 대답이니까요.

그런데 며칠 후 다른 동료가 개인적으로 찾아와서 "그

프로젝트, 솔직히 어떻게 생각해?"라고 물어봤어요. 그때야 모두 비슷한 우려를 하고 있다는 걸 알았습니다. 만약 그 회의에서 제가 "일정이 좀 촉박해 보이는데, 중간에 점검 포인트를 두면 어떨까요?"라고 말했다면 어땠을까요? 아마 이를 보완해 더 현실적인 계획을 세울 수 있지 않았을까요?

우리는 보통 업무 지시 내용에 대해 의문이 있거나 개선해야 할 점이 있다고 생각하더라도, 습관적인 대답을 합니다. 이는 무조건적인 순응일 뿐만 아니라 깊이 있는 업무적 소통을 방해합니다. 상사의 지시를 존중하면서도 자기의 생각을 명확히 전달하고, 더 나은 결과를 가져다줄 건설적인 대화를 이끄는 말이 우리에겐 필요합니다.

## 완벽하지 않아도 괜찮다

언어가 바뀌면 생각도 바뀌는 법입니다. 그냥 '좋다/싫다' 대신에 '왜 좋은지, 어떤 부분이 아쉬운지' 구체적으로 생각하고 표현하게 되면, 대화도 자연스레 깊어질 수 있습니다. 당연합니다. 내가 구체적으로 말하니까 상대방도 더 자세히 이야기하게 되는 것이죠. 결국 중요한 결정을 내릴 때도 더 신중해질 수 있습니다. "그냥 그렇게 하는 게 괜찮을 것 같아" 하고 넘기는 게 아니라, 구체적인 이유를 짚어보게 되니까요.

앞서 강조했듯, 언어는 단순한 의사소통의 도구를 넘어 세상을 인식하는 방식 그 자체입니다. 언어의 획일화가 곧 사고와 인식의 획일화로 이어질 수 있음을 경계해야 합니다. 물론 저부터도 아직 "아무거나", "괜찮다" 같은 말을 많이 씁니다. 하지만 가끔이라도 의식하고 바꿔보려 하는 것만으로도 달라지는 게 있으리라 생각합니다. 중요한 건 완벽한 표현이 아니라, 내 생각과 감정을 조금이라도 더 전달하려는 자세니까요.

이제 누군가 "어때?"라고 물어보면, 잠깐 멈춰서 '나는 정확히 어떻게 생각하지?'를 짚은 후에 보다 구체적으로 말하면 좋겠습니다. 그냥 "좋다"가 아니라 '어떤 점이 좋은지', 그냥 "괜찮다"가 아니라 '어떤 느낌인지' 말입니다. 이러한 작은 노력이 쌓이면 우리의 세계는 언젠가 우리만의 독특하고 풍부한 언어로 채워질 것입니다.

## '요즘 말'에는
## 함정이 있다

서울에 위치한 어느 공기업 건물의 화장실에서 들은 대화입니다.

"오늘 점심 뭐 먹을까?"

"아, 진짜 고민 레전드네. 그냥 회사 앞 짱깨나 먹자."

"인정. 나도 선택 장애 걸림."

얼핏 보니 그 공기업의 사원증을 맨 청년들이었습니다. 누구나 알 만한 공기업을 다니는 청년들의 대화였다니, 뭔가 어색했습니다. 젊은이들이니 이해는 되는데, 뭔가 낯설다고 할까요? 그런데 집에 돌아와 가만 생각해보니 나이만 더 먹었지, 저라고 크게 다르지는 않은 듯합니다. 여러분은 어떠신가요?

최근 젊은 세대를 중심으로 줄임말이나 유행어 또는 '밈(meme)', 소위 '요즘 말'을 사용해 자신을 표현하는 경우가 많아졌습니다. '요즘 말'의 사용은 빠르고 효과적인 소통을 가능케 합니다. 짧은 단어나 구절로 복잡한 상황이나 감정을 간편하게 치환할 수 있기 때문입니다. 또한 이는 특정 집단에 속한다는 유대감을 형성하는 데도 도움이 됩니다. 언뜻 보기에 이는 재치 있고 유머러스한 소통 방식으로 보일 수 있습니다.

하지만 요즘 말에 기댄 언어 생활이 지속되면 우리에게 어떤 영향을 미칠까요? 그 장점 이면에는 간과할 수 없는 문제점들이 존재합니다.


## '있어 보이게' 말한다는 것

'요즘 말'에는 중독성이 있습니다. 하지만 그 중독성에 빠져 습관적으로 사용하다 보면, 정작 때와 장소를 가리지 못해 어색해지는 경우가 생깁니다. 얼마 전 회사에서 타 팀원에게 이메일을 보냈을 때가 생각납니다. 평소 습관 때문에 "ㅇ ㅈ합니다"라고 쓸 뻔했거든요. 다행히 곧바로 "동의합니다"로 바꿨지만 말입니다. 아무리 사석에선 허물없는 사이일지라도, 엄연히 공적인 메일에 큰 실수를 할 뻔했습니다.

한 회사에서 실제로 있었다는 이야기는 또 어떤가요. 팀장이 새로운 전략을 설명한 후에 의견을 물어봤는데, 한 신입이 이렇게 답했다네요. "와, 완전 '갓갓' 아이디어네요! 진짜 '찐'이에요!" 물론 '결국 좋다는 뜻으로 한 말인데, 그게 뭐가 어떠냐'고 생각하는 분들이 있을 수 있습니다. 하지만, 그래도 공적인 자리입니다. 프로페셔널한 언어를 사용해야 하죠. 대단한 게 아닙니다. 이 정도만 돼도 좋겠습니다.

"혁신적인 접근이라고 생각합니다. 특히 ○○한 부분은 기존 방식과 차별화되어 좋은 결과를 가져올 것 같습니다."

속된 말로 '있어 보이지' 않나요? '있어 보이려고' 말하는 거냐고요? 네, 그렇습니다. 최소한 '없어 보이는' 언어보다는 괜찮은 언어라고 저는 생각합니다.

청소년들의 언어 사용 역시 심각하다고들 합니다. 한 학생이 친구의 SNS 게시물에 이런 댓글을 답니다. "헐, 대박! 완전 찐따 같잖아! ㅋㅋㅋ 우리 흑역사 제조기인 듯 ㄷㄷ" 물론 친구의 게시물이 재미있고 친근하다는 의미에서 쓴 표현일 겁니다. 하지만 이러한 표현을 남발할 경우, 비록 의도하지 않았더라도 친구는 물론 댓글을 보는 이들에게 가볍고 무례하다는 인상을 줄 수 있습니다. 다른 표현으로도 얼마든지 친구에 대한 애정과 게시물에 대한 긍정적인 반응을 명확하고 건설적으로 전달할 수 있습니다. 이렇게 말이죠.

"와, 우리 진짜 허당 같다 ㅋㅋㅋ 나중에 봐도 웃길 것 같아. 또 추억 하나 남겼네!"

'요즘 말'에는 여러 가지 위험성이 있습니다. 듣는 상대방에 따라 여러 가지로 해석될 수 있어 정확한 의미 전달을 방해할 수 있고, 복잡한 생각이나 감정을 단순하고 가벼운 언어로 대체하다 보니 깊이 있는 사고와 표현이 어려워집니다. 그뿐인가요. 일부 표현은 차별적이거나 공격적인 의미를 내

포하고 있어, 의도치 않게 타인에게 상처를 줄 수 있습니다. 앞에서 나온 '찐따'가 어떤 기준에서 뒤처졌거나 장애가 있는 사람을 비하하는 표현이라는 사실, 알고 계셨나요?

## 언어에 어른다운 옷을 입히자

'요즘 말'을 쓰는 게 항상 나쁘다는 것은 아닙니다. 때로는 '요즘 말'의 적절한 사용을 통해 유머러스하고 친근한 소통을 할 수 있습니다. 하지만 이것이 주된 의사소통 방식이 되어서는 안 되겠죠. 유행어는 결국 '따라 하기' 그 이상도 이하도 아니기 때문입니다. '요즘 말'을 사용하는 게 쉽고 편리할 수 있지만, 그것은 결국 내 생각을 진정성이 부족하고 쉽게 휘발되는 언어에 기대어버리는 것에 불과합니다. 각자의 고유한 생각과 감정을 진심을 담아 온전히 전달하기 위해서는 보다 성숙한, '어른'다운 언어를 사용하려는 노력이 필요합니다.

요즘 저는 제가 자주 쓰는 가벼운 표현들을 의식적으로 바꿔보려고 합니다. 예전에는 뭐든 "대박"이라는 두 글자로 표현하곤 했다면, 이제는 제 감상을 가능한 구체적으로 표현하려고 합니다. 이렇게 하면 저만의 고유한 표현을 쓰는 느낌이 듭니다. 비로소 '나'다운 느낌이 든다는 것이죠. 당연합니다. '요즘 말'도 결국은 남이 만든 틀이니까요. 그 틀에 내 감정과 생각을 억지로 맞추는 것보다는, 나답게 표현하는 게 더 자연스럽고 정확합니다. 이렇게 내가 정말 표현하고 싶은 건 무엇인지만 제대로 기억하고 말한다면 우리의 대화는 점점 우리다운 언어로 채워질 것입니다.

## '좋아요'와 '공유하기'로 대체되는
## 우리의 생각

어제 인스타그램을 보다가 문득 '내 활동 관리하기'라는 메뉴에 들어가봤습니다. 제가 '좋아요' 누른 게시물과 댓글 단 게시물을 모두 볼 수 있는데, 어제 하루 동안 '좋아요'를 누른 게시물이 무려 47개더라고요. 잠자는 시간을 빼면 한 시간에 3개 정도 되는 셈이었습니다. 제가 해야 할 일을 팽개치고 엉뚱한 짓을 했다고 반성하려는 게 아닙니다. 그것보다는, 제가 정말로 '좋다'고 생각해서 누른 게 몇 개나 될지에 대한 의문이 들었습니다. 솔직히 기억도 안 나는 게 대부분이었습니다. 스크롤 하다가 눈에 들어오면 무작정 '좋아요', 아는 사람이 올린 거면 그냥 '좋아요', 뭔가 그럴듯해 보이면 또

'좋아요'… 거의 반사적으로 누르고 있었던 겁니다.

'좋아요', '공유하기', '리트윗'… 이런 행위들은 어느덧 우리의 일상적인 의사 표현 수단이 되었습니다. 타인의 일상과 생각에 클릭 한 번으로 손쉽게 반응할 수 있으니까요. 얼핏 보면 이는 의사소통을 더욱 편리하고 효율적으로 만든 것 같습니다. 과연 그럴까요? '좋아요' 버튼을 누르는 것만으로 우리의 복잡한 생각과 감정을 온전히 전달할 수 있을까요?

SNS의 간편한 소통 방식은 빠르고 즉각적인 반응을 가능하게 하며, 많은 사람들과 쉽게 연결되어 정보를 주고받을 수 있게 해줍니다. 그러나 이러한 편리함의 이면에는 주의 깊게 살펴봐야 할 문제점들이 숨어 있습니다. 구체적인 사례를 통해 살펴보겠습니다.


## 클릭 한 번으로 끝나는 감정 표현


인스타그램에서 환경 보호에 관한 게시물을 보게 되었습니다. 북극곰이 얼음 위에 위태롭게 서 있는 사진과 함께 기후변화의 심각성을 알리는 내용이었죠. 저는 별생각 없이

'좋아요'를 누릅니다. 그리고 스토리에 공유합니다. 왜 그랬을까요? 네, 솔직히 '나도 환경에 관심 있는 사람이야!'라는 걸 보여주고 싶었습니다. 하지만 그 후에 뭘 했냐고요? 아무것도 안 했습니다. 사실 그 게시물이 정확히 뭘 주장하는 건지도 자세히 읽지 않았고, 내가 실제로 환경을 위해 뭘 할 수 있는지 진지하게 고민해보지도 않았습니다. 그냥 클릭 한 번으로 '나는 환경을 생각하는 사람'이라는 느낌을 내려고 한 것뿐입니다. 생각하니 진짜 우스웠습니다. 저는 매일 일회용 컵에 커피를 마시고, 고작 5분 거리도 자동차로 이동하면서, 환경 보호 게시물에는 열심히 '좋아요'를 누르고 있었으니까요.

더 나은 저라면 달랐어야 합니다. '환경 문제에 대해 더 자세히 알아봐야겠어. 게시물 내용을 꼼꼼히 읽고, 관련 자료도 찾아봐야지. 그리고 내가 할 수 있는 구체적인 행동이 무엇인지 고민해야겠다. 일회용품 사용을 줄이거나 대중교통을 더 자주 이용하는 것부터 시작할 수 있을 것 같아.' 이래야 단순한 '좋아요'나 '공유하기'에서 그치지 않고, 실제적인 이해와 행동으로 나아가는 자신을 발견할 수 있을 테니까요. 매사를 너무 심각하게 마주할 필요까지는 없겠지만, 그냥 '좋아요'로 끝나는 것보다는 의미 있지 않나요?

주변 사람들과의 관계에서도 마찬가지입니다. 언젠가 대학 동기가 페이스북에 이런 글을 올렸습니다. "요즘 너무 힘들다. 회사 일은 잘 안 풀리고, 아이들도 내 마음대로 따라주지 않고. 삶이 왜 이렇게 어려운지 모르겠어." 제가 뭘 했는지 아세요? '좋아요'를 눌렀습니다. 그리고 댓글로 "힘내!"라고 썼습니다. 그 순간에는 '나는 좋은 친구야. 위로했으니까!'라고 생각했습니다. 그런데, 나중에 생각해보니 새삼 이상한 거예요. 친구가 힘들다는데 '좋아요'를 누른다는 게 말이 되나요?

다행인 건 제가 바로 그 친구한테 따로 연락했다는 겁니다. "너 괜찮아? 무슨 일 있어?" 그때야 저는 친구의 진짜 이야기를 들을 수 있었습니다. 회사에서 구체적으로 어떤 일로 스트레스를 받고 있는지, 아이들과 무슨 일이 있었는지 말입니다. 고민을 들어주는 과정에서 저 역시 배울 게 있었습니다. 친구의 스트레스도 조금은 풀리지 않았을까요?

## 진짜 소통은 클릭으로 이루어지지 않는다

이런 경험 하신 적 있나요?

"너 내 SNS 알지?"

"응, 어제도 '좋아요' 눌렀잖아!"

"그런데 나 요즘 뭐 하고 지내는지 알아?"

"응? 잘 모르겠는데?"

말 그대로 '웃픈' 상황 아닌가요. SNS로는 매일 활발히 소통하고 있다고 생각했는데, 정작 근황은 모르고 있는 것 말입니다. 만나야죠. 말해야 합니다. 그래야 서로의 진짜 일상, 고민, 꿈에 대해 제대로 들을 수 있으니까요. 진짜 소통은 '좋아요' 한 번으로 뚝딱 이뤄지는 게 아닙니다. 물론 편리하고 유용한 SNS를 아예 쓰지 말라는 건 아닙니다. 다만 조금 다른 시도는 해볼 수 있지 않을까요? 예를 들어 '좋아요'를 누르기 전, 잠깐 멈춰서 생각해보는 겁니다.

"내가 정말 좋다고 생각하는 건가?"

"구체적으로 어떤 부분이 좋은 거지?"

"나다운 말로 뭐라고 반응할까?"

그리고 가능하다면 그 생각을 댓글로 남겨보는 것도 좋겠습니다. 처음에는 어색하겠지만, 거기서 진짜 대화가 시작될 수 있지 않을까요?

SNS는 소통의 새로운 장을 열어주었습니다. 하지만 동시에 우리의 사고와 표현을 단순화시키는 부작용도 가져왔습니다. '좋아요'와 '공유하기'는 분명히 편리한 소통 수단이지만, 이것이 우리의 모든 생각과 감정을 대변할 수는 없습니다.

언어는 나의 생각을 담는 집입니다. 우리의 내면을 표현하는 통로가 '좋아요'와 '공유하기'만으로 단순화된다면, 우리의 생각 역시 그만큼 단순해질 수밖에 없습니다. 풍부하고 다양한 언어로 우리의 '생각의 집'을 보다 튼튼하게 지어보는 건 어떨까요?

## '참고'와 '표절', 그 아슬아슬한 경계에서

오래전의 일입니다. 제가 처음 쓴 책의 키워드는 '회사어(會社語)'였습니다. 한국에서는 한국어, 일본에서는 일본어를 사용해야 하는 것처럼 회사에 다니는 직장인은 회사어를 사용해야 한다는 의미에서 제가 만든 일종의 창작 키워드였습니다. 책이 출간되었고 나름대로 호평을 받았습니다. 그런데 몇 달이 지나 자기계발서 한 권을 우연히 보게 되었는데, 거기 목차에 '회사어'라는 말이 떡하니 있더라고요. 솔직히 기분이 별로였습니다. '왜 나에게 말 한마디도 하지 않고 쓴 거지?' 하는 생각이 들었죠.

그런데 저 역시 크게 다르지 않았습니다. 인스타그램을

둘러보다 어떤 크리에이터가 쓴 문장을 봤습니다. '아, 이 사람이 내 마음을 이렇게 멋지게 표현했네!' 제가 생각했던 것을 한 문장으로 멋지게 압축해놓은 것 같았습니다. 순간 그 문장을 제 인스타그램에 그대로 올리고 싶은 충동이 들었습니다. 마치 제가 생각해낸 말인 것처럼요. 그런데 잠깐, 이게 맞나? 싶었습니다.

대학원 석사 논문을 쓸 때였어요. 마감일이 코앞에 닥쳤는데 도저히 글이 써지지 않았습니다. 특히 이론적 배경에 대한 부분에서 애먹고 있었습니다. 그러다 외국 논문 하나를 발견했는데, 제가 하고 싶었던 말이 정확히 거기에 있더라고요. 제 생각과 너무 완벽하게 일치해서 소름이 돋을 정도였습니다. 그때도 이런 생각이 들었습니다. '이거 그냥 번역해서 내 논문에 쓰면 안 될까?'

마감 압박에 시달리던 저는 지도교수님께 상담을 요청드렸습니다. 그때 들은 말이 지금도 기억납니다. "김 선생, 논문에서 가장 중요한 건 김 선생이 그 내용을 어떻게 해석하고 발전시키느냐에 있어요. 다른 사람의 아이디어를 가져오는 건 괜찮지만, 그게 김 선생의 생각인 것처럼 포장하면 곤란해요." 그때 깨달았습니다. 좋은 아이디어를 발견하는 일과 그걸 '내 것'으로 만드는 일 사이에는 큰 차이가 있음을 말이죠.

## '참고'와 '표절'을 가르는 한끗

'이 글 정말 좋다. 내 생각과 똑같아!' 다른 사람의 글이나 말이 마치 자기의 생각을 대변하는 것처럼 느껴지는 순간이 있습니다. 이럴 때 우리는 그 내용을 그대로 가져와 사용하고 싶다는 유혹을 받습니다. 클릭 한 번으로 방대한 정보를 복사하고 붙여넣을 수 있는 오늘날, 그러한 유혹을 뿌리치기란 더욱 어렵습니다. 다른 사람의 아이디어나 표현을 끌어다 쓰는 것 자체가 항상 나쁜 건 아닙니다. 우리의 언어는 언제나 다른 사람들의 영향을 받는 게 당연하니까요. 하지만 이를 허락 없이, 적절한 표기 없이 무분별하게 사용할 때 우리는 윤리적 문제에 직면하게 됩니다.

솔직히 '완전히 새로운' 아이디어라는 게 있을까요? 우리가 하는 모든 생각은 작든 크든 외부의 영향을 받은 결과물이니까요. 책에서 영감을 받기도 하고, 대화를 통해 아이디어를 얻기도 하고, 유명한 사람의 경험담을 듣고 깨달음을 얻기도 합니다. 그렇다면 어디까지가 괜찮은 '참고'고, 어디서부터가 '표절'일까요? 이러한 기준 정도는 스스로 갖춰둔다면 어떨까요?

출처를 명확히 밝혔는가?
내 해석이나 의견을 덧붙였는가?
마치 내 생각인 것처럼 속이려 하진 않았는가?

그래서 요즘 저는 다른 사람의 좋은 아이디어에서 영감을 받아 SNS에 글을 쓸 때 이렇게 합니다. "오늘 [누구]의 글에서 인상적인 구절을 봤습니다. [인용문] 이 글을 읽고 저는 이런 생각이 들었습니다. [나의 생각]" 이 정도라면 원작자도 존중하면서 제 생각을 표현할 수 있지 않을까요?

## 하늘 아래 새로운 건 없다지만

피카소의 말이랍니다. "좋은 예술가는 베끼고, 위대한

예술가는 훔친다." 여기서 말하는 '훔치기'란 단순한 '복사+붙여넣기'가 아닐 겁니다. 다른 사람의 아이디어를 내 방식으로 소화하고, 내 상황에 맞게 변형하고, 내 경험과 생각을 적절히 추가하여 새롭게 재창조한다는 것이죠. 제가 쓰는 이 글도 마찬가지예요. 제 관점으로 새롭게 풀어내자는 겁니다.

"만약 당신이 좋은 아이디어를 훔친다면, 나는 당신을 원작자라고 부를 것이다." 모 글쓰기 특강에서 들었던 말이 떠오릅니다. 다시 한번 강조하지만, 타인의 생각을 참고하고 인용하는 것 자체가 나쁜 건 아닙니다. 창조는 결국 모방에서 시작되는 것이니까요. 창의성이란 단순히 새로운 것을 만들어내는 능력뿐만 아니라, 기존의 아이디어를 새롭게 조합하고 재해석하는 능력까지도 포함합니다. 이때 '훔치는' 것이란 일종의 '빌려오는' 것과도 같습니다. '이 생각을 어떻게 내 것으로 해석할까?', '이 아이디어의 출처를 어떻게 명확히 밝힐 수 있을까?'라고 생각하면서 말이죠.

요즘같이 모든 게 쉽게 복사되는 시대에는 조심해야 합니다. 클릭 한 번으로 남의 글을 가져올 수 있으니 그만큼 유혹도 크기 때문입니다. 하지만 바로 그렇기에 이 시대에 '정직함'이라는 가치가 더욱 빛나는 것 같습니다. 타인의 아이디어를 존중하면서도 그것을 바탕으로 자신만의 새로운 생각을 발전시키는 능력을 갖춘 우리가 되길 기대합니다.

## 탐나는 문장 뒤에는
## 주인이 있다

얼마 전 취업 멘토링 특강을 준비하는 과정에서 스티브 잡스의 유명한 말을 가져다 쓰게 되었습니다. "Stay hungry, stay foolish." '항상 갈망하고, 우직하게 나아가라'는 뜻이죠. 정말 적절한 명언이라고 생각했는데, 이걸 어떻게 하면 임팩트 있게 전달할 수 있을지 잠시 고민했습니다. 슬라이드 중앙에 "Stay hungry, stay foolish"라고 쓰고, 그 밑에 스티브 잡스의 이름을 쓰려다, 그냥 과감히 생략했습니다. 그런데 특강 후에 한 분께서 저에게 오셔서 말씀하시더라고요. "특강 잘 들었습니다. 특히 마지막 영어 문장이 가장 인상 깊었어요. 어떻게 그런 멋진 문장을 쓰실 수 있죠?" 부끄러웠습니다. 그

리고 그때 깨달았습니다. '나는 인용하는 법을 제대로 모르고 있었구나.'

올바른 인용은 전하고자 하는 표현을 보다 풍부하게 만들어줍니다. 다른 사람의 생각이나 연구 결과로 적절히 뒷받침함으로써 더 깊이 있고 설득력 있는 주장을 펼칠 수 있는 것이죠. 하지만 인용법을 제대로 알지 못하면 의도치 않게 오해를 불러일으키거나 표절로 이어질 수 있고, 자신의 주장에 관한 신뢰성 또한 떨어뜨리게 됩니다.


## 당신의 그 멋진 말, 좀 써도 될까요?


환경 문제에 관한 보고서를 작성하는 한 사람이 있습니다. 자료를 찾던 중 환경 문제의 심각성을 뒷받침해줄 좋은 자료를 발견했고, 그 내용의 일부를 자신의 보고서에 인용하기로 합니다. 그는 생각했습니다. '이 내용은 내가 쓴 게 아니라 인터넷에서 찾은 거니까, 따옴표로 묶고 출처를 달면 되겠지?' 그래서 그는 해당 부분을 따옴표로 묶은 다음 맨 뒤에 "(출처: 인터넷)"이라고 표기했습니다.

하지만 이는 올바른 인용 방식이 아닙니다. 직접 인용을 할 경우, 인용할 부분은 따옴표로 묶고 저자, 문헌 제목, 연도, 페이지 번호 등 출처를 정확하게 표기해야 합니다. 인용문이 길면 별도의 단락으로 처리하거나 '들여쓰기'를 넣는 등 명확히 구별해야 하고요. 이렇게 말입니다.

> 홍길동(2022)은 『기후변화 보고서』에서 환경 문제의 심각성에 대해 다음과 같이 말했다. '현재의 환경 오염 속도가 지속된다면, 2050년까지 지구의 평균 기온은 2℃ 이상 상승할 것으로 예측된다. 이는 돌이킬 수 없는 기후변화를 초래할 수 있다.' (p. 25) 이러한 경고는 우리에게 환경 보호를 위한 즉각적인 행동의 필요성을 일깨워준다.

오래전, 회사 임원분들에게 시장 분석 자료를 발표할 일이 있었습니다. 발표를 준비하던 중 어느 유명한 컨설팅 회사의 보고서에서 정말 좋은 그래프를 발견했습니다. 그 그래프를 별생각 없이 제 발표 자료에 넣고 '시장 전망'이라는 제목을 달았습니다. 발표가 끝나고 팀장님이 저에게 물어보시더군요. "그 시장 분석 데이터, 어디서 가져온 거야?" '아차' 싶었습니다. 출처를 제대로 밝히지 않았다는 걸 깨달았습니다. 다행히 내부 발표였지만, 만약 고객 앞에서 이런 질문을 받았다면 큰일 났을 겁니다. 그때는 제가 조금, 아니 많이 어리석었습니다.


## 완벽하지 않아도 괜찮아

어쩌면 잘하고 싶은 마음, 내 이야기를 멋지게 하고 싶은 마음이 앞선 탓에 실수한 것인지도 모르겠습니다. 하지만 올바른 인용은 '학문적 정직성', 즉 다른 사람의 지적 노력을 존중하는 태도를 포함하고 있습니다. "우리는 모두 거인의 어깨 위에 서 있다"라는 말이 있습니다. 우리가 알고 있는 지식이 선인들의 업적을 기반으로 쌓여온 것임을 의미합니다. 올바른 인용은 이러한 '지식의 계보'를 명확히 하고, 우리가 어떤 토대 위에서 새로운 생각을 발전시키고 있는지 보여주는 중요한 장치입니다.

물론 인용법, 저도 당연히 부족합니다. 가끔 실수할 때도, 헷갈릴 때도 있습니다. 하지만 가장 중요한 건 다른 사람의 지적 재산을 존중하고 정확한 정보를 전달하려는 마음가짐입니다. 누군가의 글이나 아이디어를 인용하고 싶다면, 일단 '내가 지금 원작자의 노고를 제대로 존중하고 있나?'라고 잠시 짚어봤으면 합니다. 그런 마음으로 인용한다면 보다 신뢰받는 콘텐츠가 될 수 있을 것입니다.

타인의 아이디어를 인용하고 싶을 때, 이제 이렇게 떠올려봅시다. '이 인용이 내 주장을 공고히 함에 필요한 것인가?', '원저자의 의도를 정확히 전달하고 있는가?', '인용 규칙을 제대로 지키고 있는가?'라고 말이죠. 올바른 인용은 언어에 깊이와 무게를 더해주는 기술입니다.

## 60초짜리 숏폼이 불러온
## 납작한 대화의 시대

얼마 전 친구가 주식 투자로 크게 손실을 봤습니다. 힘들어하는 친구를 저는 어떻게 위로해주었나 되돌아보니, 카카오톡으로 "힘내, 시간이 해결해줄 거야"라는 말과 함께 이모티콘 하나 보내준 게 전부더군요. 지금 생각해도 정말 성의 없는 위로였습니다. 그때는 몰랐지만 말이죠.

여러분은 감정 표현을 어떻게 하시나요? 저처럼 복잡하고 미묘한 감정을 즉각적이고 산난한 말과 이모티콘 정도로 대신하고 있지는 않으신가요? 현대 사회에서 우리는 X(구 트위터)의 몇 줄짜리 게시물, 60초 내외의 유튜브 쇼츠와 인스타그램 릴스 등 각종 '숏폼 콘텐츠'를 통해 빠르게 정보를 주고받습니다.

어떻게 보면 숏폼 콘텐츠는 현대인의 바쁜 일상에 참 잘 맞는 형식입니다. 짧은 시간 안에 정보를 빠르게 전달받아 효율적으로 소화할 수 있다는 장점이 있죠. 하지만 그 이면엔 복잡한 주제를 겉핥기식으로만 탐구하고, 깊이 있는 사고와 풍부한 대화를 방해하기 쉽다는 한계 역시 존재합니다.


## 숏폼 열풍의 명과 암

요즘은 쇼츠, 릴스, 틱톡으로 소위 '공부'를 하는 사람들도 많아졌습니다. 사실, 저 또한 그렇고요.

15초 만에 이해하는 경제학

30초로 끝내는 조선의 역사

1분 만에 알아보는 나의 심리

혹하지 않을 수가 없습니다. 정말 편리하지 않나요? 지하철에서, 화장실에서, 잠들기 전에 등 언제 어디서나 지식과

정보를 간편하게 습득할 수 있으니까요. 틈새 시간을 이용해 공부한다는 느낌도 들고, 왠지 뿌듯하기도 합니다.

하지만 이렇게 해서 얻은 지식이 과연 '양질의 지식'인지에 대해서는 의문이 듭니다. 최근에 저는 경제 관련 숏폼을 많이 봤습니다. 한 달 정도 보고 나니 마치 제가 경제 전문가라도 된 것 같은 착각에 빠졌습니다. 인플레이션, 기준금리, 주식시장 등 웬만한 경제 용어는 다 아는 것 같더라고요. 하지만 실제로 다른 사람들과 경제 이야기를 나눠보니, 저는 단편적인 정보만 알고 있을 뿐 전체적인 맥락이나 연결고리는 전혀 모르고 있었습니다.

회사에서도 이런 변화를 느끼곤 합니다. 예전에는 점심시간에 동료들과 꽤 진지한 대화를 나누곤 했습니다. 정치, 경제, 사회, 문화 등 다양한 방면으로요.

"요즘 부동산 정책 어떻게 생각해?"
"우리 회사 조직문화에서 개선해야 할 점은 뭘까?"

이런 주제로 한 시간씩 토론하기도 했습니다. 하지만 요즘은 대부분 숏폼에서 본 것들에 대한 이야기뿐입니다.

"이 영상 봤어? 강아지가 주인 놀라게 하는 거?"

"이 사람 춤추는 것 봐봐. 진짜 웃기지 않냐?"

물론 가볍고 재미있지만, 대화가 뚝뚝 끊기는 것 같아 아쉽습니다. 서로에 대해 더 깊이 알아가는 기회를 놓치고 있는 것 같기도 합니다.


## 우리의 삶까지 숏폼이 될 순 없다

며칠 전 미래학자 제러미 리프킨의 『소유의 종말』이라는 책을 샀습니다. 특별히 해당 분야에 관심이 있어서는 아니었습니다. 그저 긴 콘텐츠를 소비하는 연습을 해보겠다고 마음을 먹어서입니다. 그렇습니다. 저는 요즘 의식적으로 긴 글을 읽으려고 합니다. 처음에는 마냥 어려웠지만, 읽다 보니 점점 재미를 붙이게 되더라고요. 꼭 책의 내용이 좋다기보다는, 책을 읽으며 제가 이런저런 생각을 한다는 걸 느끼는 것이 좋았습니다.

프랑스의 철학자 블레즈 파스칼의 말이라고 합니다.

"모든 인간의 불행은 단 한 가지에서 비롯된다. 바로 조용한 방에 홀로 앉아 있지 못하는 것이다." 끊임없이 새로운 정보와 자극을 추구하는 현대인들에게 더욱 절실한 메시지 아닐까요. 숏폼의 편리함을 완전히 포기할 필요는 없지만, 그것이 우리의 유일한 소통 방식이 되지 않도록 주의했으면 합니다.

## 디지털 시대가 낳은
## 새로운 소통 문제

디지털 시대에 접어들고 스마트폰과 메신저 앱이 대중화되면서 언제 어디서나 간편하게 소통할 수 있게 되었습니다. 하지만 그 편리함의 이면에는 '읽씹'이나 '단톡방 스트레스' 같은 새로운 형태의 의사소통 문제가 자리하고 있습니다.

'읽씹'은 상대방의 메시지를 읽었음에도 답장을 하지 않는 것을 의미하죠. '단톡방 스트레스'는 원치 않는 친목에 억지로 참여하며 느끼는 압박감과 피로감을 뜻하고요. 이러한 신조어는 즉각적인 반응을 기대하는 디지털 소통의 특성과 개인의 사생활 보장 사이의 갈등에서 비롯된 것입니다. 타인이 보낸 메시지를 즉시 확인할 수 있다는 점은 편리하지만,

동시에 그만큼 즉각적으로 반응해야 할 것만 같은 느낌이 들게 합니다. 이 때문에 개인의 사적인 영역을 침해받기도 하죠. 사례를 통해 확인하겠습니다.

### 새벽 2시에 울리는 메신저 알림

제가 팀 리더를 맡았을 때의 일입니다. 당시 기업 고객 중에서도 최고의 VVIP를 모시고 있었는데, 문제는 그만큼 챙겨야 할 게 많다는 것이었습니다. 특히 조금이라도 수틀리는 부분이 생기면, 고객사 임원으로부터 말 그대로 시도 때도 없이 카카오톡(이하 '카톡')이 왔습니다. 그 당시엔 달마다 두세 번은 새벽에 카톡을 받았습니다. 새벽 1시고, 2시고 가리지 않고 "김 팀장님, 지금 서비스 체크 좀 해주세요"라는 요청이 왔습니다. 저는 그때마다 자고 있는 관련 부서 팀장님들을 일일이 호출하며 대응해야 했습니다. 그야말로 난리였죠. 문제가 없는 것을 확인한 후에야 비로소 잠에 들 수 있었습니다. 동트는 걸 보면서요.

그 후에 고객사 임원께서는 꼭 다음 날 전화를 해서 이렇게 말하곤 했습니다. "새벽에 카톡 보낸 거, 급한 건 아니었어요. 그냥 조금 이상해서 연락드린 건데. 너무 급하게 처리 안 하셔도 됐는데. 하하하." 화났냐고요? 아닙니다. 그냥 깨달았습니다. '내가 '카톡'이라는 감옥에 완전히 갇혀 있구나.'

이렇게 업무 외 시간에도 메신저로 업무 지시를 내리는 리더들로 인해 스트레스를 받는 직장인들이 많습니다. "퇴근했는데도 카톡을 계속 확인해야 해요. 읽지 않으면 무책임해 보일까 걱정되고, 읽으면 또 바로 답장해야 할 거 같고. 마치 카톡의 굴레에 갇힌 것 같아요." 카톡이 개인의 휴식 시간을 침해하고, 결국 일과 삶의 균형을 무너뜨리는 것이죠.

만약 여러분이라면 어떻게 대응하실 건가요? 다소 불편할 수 있더라도, 이런 제안을 해볼 수 있지 않을까요? "회의 시간에 솔직한 대화를 나눠봐야겠어요. 업무 시간 외 메시지는 긴급한 경우가 아니면 다음 날 아침에 확인하고 답변하는 것으로 규칙을 정하자고요. 그리고 정말 급한 일이라면 전화를 하는 것이 더 효과적일 거라고요. 모두의 사생활도 존중받을 수 있고, 정작 중요한 연락을 놓치는 일도 없으니 좋지 않을까요?"

친구와의 관계에서도 마찬가지입니다. 혹시 친구로부

터 '읽씹'을 당했다는 이유로 불편한 마음이 든 적은 없었나요? 예를 들어 친구한테 주말에 만나자고 메시지를 보냈는데 읽고도 답장이 없다면, 친구가 나를 무시하는 건가 싶어 기분이 나빠지나요? 하지만 단정하는 것은 금물입니다. 섣부른 오해가 갈등을 일으키면서 결국 관계를 악화시킬 수 있으니까요. 대신 이렇게 생각해보면 어떨까요? '친구가 바쁘거나, 다른 이유로 답장을 할 여유가 없나 보네. 조금 더 기다려보고, 답장이 계속 없다면 전화를 해봐야지.' 평소에 친구들과 '읽씹'에 대한 서로의 생각을 나눠봐도 좋을 것이고요.

## 기술의 편리함에 휘둘리지 않기

중요한 건 기술이 우리를 통제하는 게 아니라, 우리가 기술을 통제해야 한다는 것입니다. 디지털 시대에 들어서며 의사소통이 예전보다 훨씬 편리해진 건 맞지만, 그것 때문에 스트레스를 받는 때가 더 많거나 오히려 관계가 나빠진다면 뭔가 잘못된 것이겠죠. 그래서 저는 요즘 의사소통을 할 때 다음의 원칙을 잊지 않으려고 합니다.

메시지는 언제든 답장할 수 있는 것이다.

'읽씹'은 고의가 아닐 가능성이 높다.

정말 중요한 이야기는 직접 만나서 한다.

나의 시간과 공간도 소중하다.


문제가 완벽히 해결되지는 않았지만, 예전보다는 마음이 훨씬 편해졌습니다. 좋은 친구나 좋은 상사라면 이 정도는 이해해주지 않을까요? 디지털 시대의 소통이 우리 삶에 가져온 이점을 누리는 동시에, 그것이 초래할 수 있는 부작용 역시 경계해야 합니다. 세상 그 무엇보다 소중한 것은 '나'라는 사람입니다. 나를 지키기 위해서라도, 소통에 있어서 최소한의 권리는 상대방에게 당당하게 주장할 수 있기를 희망합니다.

## 당신의 언어는
## 안녕하십니까?

1장을 쓰면서 제가 가장 많이 한 일은, 바로 과거의 제가 했던 대화들을 되돌아보는 것이었습니다.

"그때 내가 정말 그렇게 말했나?"
"아, 맞다. 나도 그랬지."
"그동안 이런 식으로 말하고 있었구나."

마치 거울을 보는 것 같았습니다. 그리고 거울에 비친 제 모습이 부끄러웠습니다. "언어는 생각의 집이다"라는 말처럼, 내가 사용하는 언어는 단순한 의사소통의 도구를 넘어

나의 사고방식과 세계관을 형성하는 근간이 됩니다. 지금 나의 언어는 어떤 집일까요? 나의 내면을 온전히 담아낼 수 있는 튼튼하고 아름다운 집인가요, 아니면 여기저기 수리가 필요한 낡은 집인가요? 스스로에게 질문하니 어른다운 언어를 사용하지 못하고 있는 저의 부족함이 느껴집니다.

## 나의 언어 생활을 돌아보다

지금까지 현대인의 일상에서 흔히 포착할 수 있는 다양한 언어 문제들을 살펴보았습니다. 타인의 의견을 무조건적으로 수용하는 태도, 유행어와 밈의 과도한 사용, SNS에서의 단편적 소통, 표절과 부적절한 인용, 언어의 획일화, 숏폼 콘텐츠의 영향, 그리고 '읽씹'과 '단톡 스트레스' 같은 디지털 시대의 새로운 의사소통 문제까지요.

이제 우리는 1장에서 살펴본 문제들을 토대로 우리의 언어 사용에 대해 성찰해보려고 합니다. 성찰이라고 하니 너무 무겁게 느껴지시나요? 그냥 가벼운 '진단'이라고 해보죠. 다음 진단표를 통해 점검해봅시다.

---

□  평소 일기나 블로그를 통해 내 생각을 기록하곤 한다.

□  토론에서 내 의견을 말하는 것에 익숙하다.

□  나와 다르거나 불편한 의견이라도 일단은 열린 마음으로
   들어본다.

□  질문에 곧바로 답변하기보다는 어느 정도 생각해본 후
   답변한다.

□  아무리 완벽해 보이는 의견에 대해서도 '왜?'라고 스스로
   질문해본다.

□  의견을 제시할 때 항상 '왜 그렇게 생각하는지'를 함께
   설명한다.

□  일상 속 대화라도 조금 더 다양하고 구체적인 표현을 쓰기
   위해 노력한다.

□  독서를 꾸준히 하는 편이다.

---

□  공적인 자리, 사적인 자리 등 대화 분위기와 상대방에
   따라 쓰는 언어를 달리하려 노력한다.

□ SNS에 떠도는 유행어나 밈이 어디에서, 어떤 의미로
　 시작되었는지 찾아보곤 한다.

□ SNS 게시글을 끝까지 본 후 '좋아요'를 누른다.

□ 게시물이나 댓글을 통해 내 의견을 적극적으로 말하는
　 편이다.

□ 디지털 기기의 사용을 줄이기 위해 의식적으로 노력한다.

---

□ 타인의 아이디어나 표현을 사용할 때 꼭 출처를 명시한다.

□ 타인의 글을 그대로 긁어오기보다는 내 언어로 풀어서
　 표현하려고 한다.

□ 직접 인용과 간접 인용, 각 콘텐츠 분야의 인용 규칙에
　 대해 알고 있다.

□ 인용을 하기 전 원문의 맥락을 주의 깊게 살펴본다.

□ 아무리 출처를 표기하더라도, 너무 많은 분량의 인용은
　 가급적 자제한다.

| 당신의 언어 생활 점수는? | ☑ 문항이 13개 이상 | 좋음 |
| | ☑ 문항이 7개 이상 12개 이하 | 보통 |
| | ☑ 문항이 6개 이하 | 나쁨 |

## 언어를 바꾸면 인생도 바뀐다

내가 사용하는 언어는 곧 나의 세계입니다. 그러므로 언어를 개선하는 것은 곧 나의 세계, 나의 삶을 개선하는 것과 같습니다. 이제 여러분에게 묻고 싶습니다. 이건 저 자신에게 던지는 질문이기도 합니다.

"당신의 언어는 안녕하십니까?"

이 질문에 자신 있게 "예"라고 대답할 수 있나요? 솔직히 말하면 제 대답은 "아니오"입니다. 아마 우리 중 대부분이 그렇지 않을까요. 물론 오랜 시간 축적되어온 언어 세계를 개선하는 것은 하루아침에 이루어지는 일이 아닙니다. 그것은 지속적인 관심과 노력을 요구하는, 어쩌면 평생의 과제일지도 모릅니다.

단숨에 대단한 걸 이뤄내자는 게 아닙니다. 하루에 하나씩만이라도 조금씩 변해보려고 노력하면 어떨까요. 매일 새로운 단어 하나를 배우고 사용해보기, 하루에 한 번은 자기의 생각을 글로 써보기, 친구 또는 가족과 깊이 있는 대화 나누기 등, 이러한 작은 실천들이 모이면 어느새 우리의 언어 세계는 더욱 풍요롭고 아름다워질 것입니다.

2장

당신은 왜
줏대 없는 사람이
되었나

## 소수가 되는 것이
## 두려운 당신에게

"나만 다른 생각을 하는 걸까?" 이런 생각 해본 적, 다들 있으실 겁니다. 주변 사람들과 다른 의견을 가지고 있을 때, 우리는 그 생각을 선뜻 표현하기 어려워합니다. 왜 그럴까요? 독일의 정치학자 엘리자베스 노엘레 노이만이 제시한 '침묵의 나선 이론'에 따르면, 사람들은 자신의 의견이 소수라고 느낄 때 그 의견을 표현하기를 꺼리게 됩니다. 반대로 자신의 의견이 다수라고 생각할 때는 더 적극적으로 의견을 내게 되고요. 소수 의견은 점점 더 침묵하게 되고, 결과적으로 다수 의견이 지배적인 것처럼 보이는 '나선' 효과가 발생하는 것이지요. 이 이론은 일상에서 어떻게 작용하고 있을까요?


## 의문을 품는 나만 이상한 걸까?


몇 달 전 회사 회의 시간에 일어난 일입니다. 타 부서에서 몇 분이 와서 우리 팀과 관련된 새로운 프로젝트 계획을 안내했습니다. 바로 시행해야 하는 빡빡한 일정이었는데, 솔직히 제가 보기엔 현실적으로 여러 가지 문제가 있었습니다. 안내가 끝나고 리더께서 물어보시더군요.


"자, 다들 어떻게 생각하세요?"


이에 동료들이 하나둘 답했습니다.


"좋은 계획인 것 같습니다."
"도전적이지만 해볼 만하네요."
"혁신적인 접근이라고 생각해요."

그 순간 제 머릿속에는 이런 생각이 스쳐 지나갔습니다. '어? 정말? 나만 이게 무리라고 생각하는 건가? 다들 괜찮다고 하는데, 내가 너무 부정적인 건가?' 결국 제 차례가 왔을 때, 저는 이렇게 말했습니다.

"네, 저도, 음, 좋은 계획인 것 같습니다."

하지만 마음 한편으로는 계속 찜찜함이 남았습니다. '정말 이 프로젝트가 잘 진행될까?' 그리고 예상했던 대로, 두 달 후 프로젝트는 예정보다 지연되기 시작했습니다. 프로젝트가 난항을 겪게 되고 나서, 동료들과 개별적으로 이야기할 기회가 생겼습니다. 그때야 동료들은 말하더군요.

"솔직히 말하면, 처음부터 일정이 빡빡하다고 생각했어."
"나도. 그런데 다들 괜찮다고 하니까…"
"아, 진짜? 나도 말하고 싶었는데 나만 그런 줄 알았어."

맞습니다. 우리 모두 비슷한 생각을 하고 있었는데, 아무도 말하지 못했던 겁니다. 혼자만 다른 생각을 한다고 여겨지는 게 두려웠기 때문입니다. 이런 일들은 직장뿐만 아니라 다양한 커뮤니티에서 일어납니다. 저는 대학원 때 조별 과제가 많았는데요. 조원들이 다들 찬성하는 아이디어인데, 저만 그게 별로라고 생각하는 경우가 더러 있었습니다. 하지만 이런 상황에서 혼자만 반대하기? 쉽지 않습니다.

"나만 이상하게 생각하나?"
"내가 이해력이 부족한 건가?"

결국 다수의 의견을 그냥 따라갔는데, 나중에 교수님께 질책을 받고 학점도 낮게 받았던 기억이 납니다.

## 용기 있는 한 걸음이 필요하다

'침묵의 나선' 현상이 지속되면 소수의 의견이 다수의 의견에 묻혀 제대로 표현되지 않으면서 사회의 다양성이 억제됩니다. 겉으로 보기엔 모두가 같은 생각을 하고 있는 것 같지만, 그 이면에는 비판적인 의견을 자유롭게 내지 못하는 만성적인 고충이 숨어 있지요. 그러한 상태가 지속되면 구성원들의 스트레스와 불만이 나날이 쌓일 뿐만 아니라, 여러 의견이 충분히 고려되지 않은 채 잘못된 결정이 내려질 수 있습니다. 결국 이는 돌이킬 수 없는 사회적 갈등으로 이어지게 됩니다.

'침묵의 나선'으로부터 벗어나기 위해 저는 작은 용기를 내보려고 합니다. 오랜만에 만난 친구가 자기가 좋아하는 곳이라며 어느 음식점에 데려갑니다. 돼지 곱창집이었습니다. 아, 그런데, 저와는 맞질 않았습니다. 친구는 너무나 맛있게 먹는데 저는 특유의 냄새 때문에 입에 대지도 못하겠더라고요. 친구가 말했습니다. "이거 진짜 맛있지?" 예전 같으면 "응"이라고 했을 겁니다. 하지만 이제는 말합니다. "음, 여기 유명한 곳인 건 잘 알겠는데, 사실은 내가 이 음식을 처음 먹어본 거라서 힘들어."

친구가 미안한 표정을 하더라고요. 곧바로 이어서 말했습니다. "그냥 네가 맛있게 먹는 거 보기만 해도 좋다. 볶음밥은 맛있을 것 같은데?" 비로소 친구가 얼굴이 펴지면서 "아, 그래? 너는 어떤 음식을 제일 좋아해?"라고 물어봤고, 그렇게 서로의 음식 취향에 관해 이야기를 나누며 오히려 더 재미있는 시간을 보냈던 기억이 납니다.

　미국의 인권운동가 마틴 루터 킹 주니어는 이렇게 말했습니다. "우리 시대의 비극은 나쁜 사람들의 폭력이 아니라 선한 사람들의 침묵이다." 우리가 빠져 있는 '침묵의 나선'에서 반드시 벗어나야 할 이유를 말해주는 듯합니다. "내 의견에 어떤 가치가 숨어 있을까?", "이 의견을 표현하면 어떤 긍정적인 변화가 일어날 수 있을까?"라는 질문을 스스로 던져볼 수 있어야 합니다.

　당연히 소수의 입장으로서 다수 앞에 내 의견을 표현하는 것은 불편하고 두려운 일입니다만, 이런 작은 용기들이 모여 사회를 더욱 다채롭고 건강하게 만들 수 있습니다. 우리 안에 숨어 있는 진실한 목소리에 귀를 기울인다면, '침묵의 나선'에서 벗어나 비로소 소통의 꽃을 피울 수 있을 것입니다. 그러니 소수가 되는 것이 두렵다는 이유로 우리 내면의 진짜 목소리를 저버리지 않았으면 좋겠습니다.

## 모두가 그렇게
## 생각하니까

앞에서 살펴본 '침묵의 나선 이론'과 비슷한 개념으로 '집단사고'가 있습니다. 미국의 사회심리학자 어빙 재니스가 1972년에 제시한 개념이죠. 우리는 왜 집단사고에 빠지게 되는 것일까요? 그리고 이것이 우리의 판단과 의사결정에 어떤 영향을 미치고 있을까요?

집단의 구성원들은 갈등이나 논쟁을 피하고 응집하기 위해 비판적인 의견을 억제하고 다수나 리더의 의견에 동조하는 경향이 있습니다. 이를 '집단사고'라고 합니다. 물론 집단 구성원들의 의견을 하나로 모으는 것은 여간 쉬운 일이 아닙니다. 하다못해 회식 장소 정하는 것부터가 그렇습니다. 팀원 여덟 명에게 물어보면 먹고 싶다는 메뉴가 모두 다릅니다.

"난 어제 고기 먹어서, 고기 말고 회로 합시다."

"난 오늘 점심에 초밥 먹었는데, 갈매기살 어때요?"

"근처에 솥밥 잘하는 곳 생겼던데 가볍게 밥이나 먹죠?"

"아, 우리도 와인바 가서 이탈리아 요리 한번 먹읍시다."

"소주 한잔해야 하잖아? 감자탕집이나 가자."

징그러울 정도입니다. 저는 그래서 혹여라도 제가 회식이나 워크숍을 진행해야 할 상황이라면 구성원 전원에게 이렇게 말합니다. "장소도, 메뉴도 모두 제가 시간과 노력을 들여서 정하겠습니다. 단, 제가 정한 것에 대해 한마디라도 다른 의견이 나오면 그 다른 의견 낸 사람이 회식 진행하도록 하겠습니다." 어떤가요. 좀 센가요? 하여간 이럴 땐 제가 집단사고를 부추기는 것 같아 미안하긴 합니다. 그래도 논쟁을 하는 데 쓰는 시간을 줄이고 신속하게 결정을 내릴 수 있다는 면에서 편리한 점은 있죠. 하지만 이렇게 놀러 가는 것과 같은 작은 사안이면 몰라도, 회사의 운명이 달린 큰 사안에까지 집단사고가 강요되는 건 매우 위험한 일 아닐까요?

# 집단사고가 사회에 남긴 그림자

조직 안에서 집단사고는 때로 나름의 유용성을 발휘합니다. 긴급 상황에서의 신속한 대응이 그렇습니다. 국가적 재난이 발생할 경우 소방 당국은 상부의 체계적인 지휘 아래 일사불란하게 움직여 피해를 최소화합니다. 스포츠 경기에서도 마찬가지입니다. 감독이 밀어붙이는 전략을 선수들이 믿고 따르며 팀워크를 발휘한다면 멋진 결과를 얻어낼 수 있죠.

그렇지만 집단사고는 어디까지나 한계가 있기 마련입니다. 대표적인 사례로 1997년 IMF 외환위기를 들 수 있습니다. 당시 정부와 재벌, 금융권은 '한국 경제는 튼튼하다', '우리는 아시아의 네 마리 용이다'라는 집단사고에 빠져 있었습니다. 외환 보유고 부족, 단기외채 급증 등 위험 신호를 지적하는 소수의 의견은 철저히 무시되었고, 그 결과 나라는 부도 위기를 겪었습니다.

2014년 세월호 참사 역시 '안전불감증'이라는 일종의 집단사고가 낳은 비극입니다. 해운업계의 '대충 해도 괜찮다'는 안일한 생각, 규제 기관의 형식적인 점검, '설마 사고가 나겠어?'라는 사회적 풍조가 맞물려 수백 명이 귀중한 목숨을 잃었습니다. 초기 대응 과정에서도 '골든타임 내에 구조되겠지'라는 낙관적 집단사고가 구조 작업을 방해했다는 것도 이미 알려져 있습니다. 이처럼 집단사고는 명확한 목표가 있고 즉각적 실행이 필요한 상황에서는 강력한 힘을 발휘하지만, 복잡한 사회 문제나 장기 전략 수립 등 보다 고차원적인 논의가 필요한 상황에서는 오히려 독이 될 수 있습니다.

진정한 혁신을 위해서는 끊임없이 기존의 관념을 의심하고, 반대 의견에 귀 기울이며, 다양한 관점을 수용하는 비판적 사고가 필수입니다. 집단사고와 비판적 사고의 균형을 어떻게 잡느냐가 조직의 성패를 좌우한다고 할 수 있습니다. 조직의 의사결정에 참여할 때 '나는 정말로 이 의견에 동의하는가?', '다른 새로운 시각은 없을까?', '이렇게 결정했을 때 생길 수 있는 문제점은 무엇일까?'라고 고민할 줄 아는 것이 조직은 물론 개인의 발전에 필요한 태도임을 기억해야 합니다.

## '모두를 위하는 것'의 진정한 의미

집단사고의 배경에는 '소속감에 대한 욕구'가 자리하고

있습니다. 어릴 때부터 배우지 않았나요? 인간은 사회적 동물이라고요. 인간이라면 집단에 소속되고 싶은 건 당연합니다. 그러니 다른 의견을 말하면 집단에서 배제될까 두려울 수밖에 없습니다. 저도 예전엔 '내가 반대 의견을 말하면 팀에서 따돌림받지 않을까?'라는 걱정이 가득했던 사람입니다. 하지만 지금은 압니다. 할 말은 해야 한다는 것을요.

당연히 쉽지 않습니다. 한국 사회가 어떤 사회입니까? 친목과 화합을 중시하는 사회입니다. 갈등을 일으키는 사람으로 보이기 싫어서 다른 의견을 말하기 어려워하는 경우가 많습니다. 하지만 다양한 의견이 존중받고, 건설적인 비판이 배척되기보다는 환영받는 문화, 이것이 바로 우리가 궁극적으로 가닿아야 할 미래의 모습이 아닐까요? 다수의 의견이 옳을 수 있지만, 항상 그런 것은 아닙니다. 나만의 독특한 관점, 나만의 빛나는 생각은 집단이 미처 보지 못했던 허점을 바로잡아 더 나은 길로 이끌 수 있습니다.

## "왜?"라고 묻는 게
## 왜 안 돼?

중학교 때니 참 오래전의 일입니다. 사회 시간이었습니다. 선생님께서 "한국의 경제 성장은 정부의 올바른 정책 덕분이었다"라고 설명하셨습니다. 그때 어린 저는 의문이 들었습니다. 정부의 정책? 그게 다인가? 고민하다 손을 들어 질문했습니다. 무슨 용기였는지 모르겠습니다. "선생님, 그럼 다른 이유는 없나요? 국민의 노력 같은 거요." 그 순간 교실이 조용해졌어요. 선생님은 삼깐 당황하신 듯하더니 이렇게 답하셨습니다. "교과서에 나온 내용이니까 일단 외워라." 저는 그 말씀이 더 이상했습니다. "왜요?" 선생님이 언짢은 표정으로 말씀하시더군요. "왜는 일본을 말하는 거고!"

쉬는 시간에 친구 몇이 저에게 다가와 묻더군요. "야, 넌 왜 쓸데없는 질문을 해서 분위기를 망치냐?" 그 순간 새삼 느꼈습니다. 교실에서는 "왜?"라고 묻는 게 환영받지 않는다는 것 말입니다. 글쎄요, 그 이후 고등학교와 대학교에서도, 저는 선생님 혹은 교수님께 "왜?"를 잘 묻지 않게 되었습니다.

여러분은 "왜?"라는 질문을 자유롭게 던지시는 편인가요? 많은 한국인이 주어진 정보나 상황을 그대로 받아들이는 데 익숙해져 있고, 비판적으로 사고하는 것을 어려워합니다. 왜 우리는 비판적 사고가 어려운 걸까요?

이 문제에는 우리나라 교육 시스템의 특성이 깊이 관여하고 있습니다. 우리나라는 오랫동안 입시 위주의 주입식 교육에 치중해왔습니다. 정해진 답을 빠르고 정확하게 찾는 능력은 중요시했지만, 능동적으로 질문을 던지고 다양한 관점에서 문제를 바라보는 능력은 상대적으로 무시되었던 겁니다. 이러한 교육 환경은 학생들의 비판적 사고 능력 발달을 저해해왔습니다. 저 역시 그로 인한 피해자 중 한 사람이고요. 안타까운 현실입니다.

## 이 수업에는 정답이 없습니다

저는 대학원 석사 과정을 밟으면서 무엇이 진짜 배움인지 느꼈습니다. 대학원 1학년 1학기 때 '질적 연구'라는 과목을 들었는데, 교수님이 첫 시간에 이렇게 말씀하시더라고요. "여러분, 이 수업에서는 정답이 없습니다. 중요한 건 여러분이 어떻게 생각하느냐예요." 저는 완전히 당황했습니다. 정답이 없다니? 그럼 뭘 외워야 하지? 평가는 어떻게 한다는 거지? 제 기억으로는 첫 토론 주제가 "객관식 평가와 주관식 평가 중 무엇이 더 바람직한가?"였는데, 다른 학생들은 자신의 의견을 술술 말하는 반면 저는 아무런 말도 하지 못했습니다. 머릿속에서는 이런 생각만 맴돌았거든요.

'교수님이 원하는 답이 뭘까?'
'틀린 내용을 말하면 망신이나 당하겠지?'
'그냥 조용히 있으면 중간은 가는 거야.'

학기가 시작되고 나서 몇 번의 수업이 진행되었음에도 저는 입을 잘 열지 못했습니다. 답답함만 더해졌습니다. 사실 저는 '암기'에 자신이 있었거든요. 제가 생각하는 좋은 학생이란 그저 '많이 외우는 학생'이었고, 창의적으로 생각하거나 비판적으로 분석하는 건 저에게 중요하지 않았죠. 암기가 곧 실력이라고 믿는 저에게 자꾸 토론을 요구하는 수업은 정말 힘들었습니다. 하지만 수업이 거듭되면서 저는 비로소 '배움이란 이런 것이구나'라는 생각에 이르게 되었습니다. 그 후로 그 수업은 저에게 최고의 수업이 되었고, 이후 학기와 다른 과목에서도 저는 그 누구보다 질문을 잘하는 학생이 되었습니다.

제가 다녔던 중학교는 선생님께 질문하는 학생이 문제아 취급을 받는 분위기였던 것 같습니다. "왜 이렇게 해야 해요?"라고 물으면 "잔말 말고 시키는 대로 해!"라는 말을 아무렇지 않게 하던 때였으니까요. 지금 생각하면 정말 '야만의 시대' 그 자체가 아니었나 싶습니다. 어쩔 수 없었을지도 모르겠습니다. '교과서에 나와 있는 그대로 외우고, 시험에서 정확히 재현하는 훈련', 그때의 교육이란 그랬으니까요.

## "왜?"라고 물을 줄 아는 내가 멋있다

교육 시스템이 비판적 사고의 부재라는 오랜 문제를 낳았다는 점, 인정합니다. 하지만 시스템을 핑계로 무비판적인 수용을 마냥 정당화할 수는 없겠죠. 작은 질문 하나부터 시작해봅시다.

"이게 정말 맞나?"
"다른 방법은 없을까?"
"왜 이렇게 하지?"

이런 질문들이 우리를 더 깊이 생각하게 만들고, 더 나은 판단을 할 수 있게 해줄 겁니다. 물론 쉽지 않겠지만 조금씩 연습하다 보면 분명 달라질 수 있습니다. 이제 저는 어떤 정보를 접했을 때, 그냥 받아들이는 대신 한 번은 의심하려고 합니다. 그 정보가 정말 옳고 믿을 만한 정보인지, 나의 생각과 어떤 부분에서 다른지 나름의 질문을 던지며 검증해보는 것이죠. '스스로', '제대로' 생각하는 삶. "왜?"라고 물을 줄 아는 나로부터 그 모든 것이 시작됨을, 이제는 굳게 믿습니다.

## 왜 이렇게
## 남의 시선이 두려울까?

'다른 사람들이 나를 어떻게 볼까?'라는 생각으로 머뭇거린 적이 있나요? 우리는 종종 남의 눈을 의식하며 행동하고, 때로는 그로 인해 자신의 진정한 모습을 드러내지 못합니다. 왜 우리는 이토록 타인의 시선을 두려워할까요? 이러한 두려움이 우리의 삶에 어떤 영향을 미치고 있을까요?

타인의 시선에 대한 두려움은 인간의 기본 욕구 중 하나인 '사회적 욕구'에서 비롯됩니다. 인간은 본능적으로 집단에 소속되고 인정받고 싶어 하며, 이는 생존과 직결되는 중요한 요소였습니다. 하지만 현대 사회에서 이러한 욕구가 지나치게 되면 사회적 불안으로 이어질 수 있습니다.

## 이런 나조차 나란 사람이다

한때는 저도 그랬습니다. 10년도 넘은 일이긴 합니다만, 조용히 자신을 돌아보고자 명상 동호회에 가입하게 되었습니다. 첫 시간에 자기소개를 해야 하더군요. "취미는 뭐예요?"라는 질문을 받았는데, 순간 머릿속이 복잡해졌습니다. 저는 독서를 정말 좋아합니다. 주말마다 서점에 가서 마음에 드는 책 한 권 사곤 하거든요. 퇴근 후에는 당연히 책을 읽는 시간이 가장 행복합니다. 하지만 질문을 받는 순간 이런 생각이 들었습니다. '독서가 취미라고 하면 너무 고리타분해 보이지 않을까? 다들 나를 재미없는 사람이라고 생각하면 어떡하지?' 결국 이렇게 말했습니다. "음…… 걷기가 취미입니다. 퇴근 후에 집 주변 산책로를 걷지요."

그렇게 진짜 제 모습을 보여주지 못한 채로 애매하게 넘어갔습니다. 왜 저는 "나 이런 사람이에요!"라고 당당히 말하지 못했던 걸까요. 이러한 현상의 근원에는 한국 사회의 독특한 문화적 맥락 역시 자리해 있는 것 같습니다. 한국인은 전통적인 집단주의와 유교 문화의 영향을 강하게 받아왔습니다. 이러한 맥락 아래 소위 '튀는 것'은 경계의 대상이 되었고, '조화로움'과 '겸손'이 미덕으로 여겨졌습니다. 안타깝게도 이는 개인의 솔직한 자기표현을 억제하는 한 원인이 되었습니다. 저도 마찬가지였고요.

사실 회사에서도 그랬습니다. 예전의 저는 프로젝트 회의 중 좋은 아이디어가 떠올라도 '내 의견이 틀리면 어쩌지? 다들 날 바보라고 생각하면 어떡하지? 차라리 말하지 않는 게 나을 것 같아'라며 주저하곤 했습니다. 하지만 지금은 다릅니다. 그냥 이렇게 생각합니다. '내 아이디어가 완벽하지 않을 수도 있지만, 그래도 가치 있는 제안일 수 있어. 게다가 회의는 아이디어를 자유롭게 공유하고 발전시키는 자리잖아.' 그리고 말해버리죠. "완벽하진 않지만, 제가 한 가지 아이디어를 제안하겠습니다. 여러분의 의견을 들어보고 싶습니다."

타인의 시선이 두렵다는 이유로 새로운 도전이나 경험을 회피하게 되면 결국 기회를 잃는 사람은 나 자신입니다. 자기검열이 반복되면 진정한 자아를 숨기게 되어 건전하고 진실된 인간관계를 형성하는 것이 불가능해집니다. 다른 이의 평가를 끝없이 의식하는 과정에서 정신적 스트레스가 쌓이게 됨은 물론이고요.

이제 저는 두려워하지 않으려고 합니다. 저의 부족함과 취약함은 단순히 숨겨야 할 약점이 아니라, 나를 솔직하고 용기 있게 드러내는 시작점이라고 생각하기 때문입니다. 타인의 시선을 두려워하지 않고 나를 드러내는 것이 오히려 나의 강인함을 드러내는 하나의 표현이 될 수도 있다고 긍정적으로 여기는 것이죠. 남의 시선이 두려워서 주저하게 되는 순간, 물론 있습니다. 하지만 '최악의 상황이 온다 해도 그것이 정말 끔찍한 일일까?'라고 생각해보면, 의외로 그것은 생각만큼 최악은 아닌 경우가 많습니다. 두려움은 허상일 뿐 실체가 없음을 파악한다면, 그것을 극복하는 힘은 의외로 손쉽게 얻을 수 있습니다.

## 솔직한 내가 부끄러울 이유는 없다

죽는 날까지 하늘을 우러러
한 점 부끄럼이 없기를

윤동주 시인의 대표작 「서시」의 유명한 구절입니다. 그는 나 자신에게 부끄러움 없는 삶을 살겠다는 다짐, 더 솔직하고 진실한 내가 되겠다는 선언을 이 시에 담았습니다. '나를 솔직하게 드러내는 것이 부끄럽다'라는 생각은 우리 사회에 깊이 뿌리박힌 문화적 산물입니다. 하지만 좀 더 솔직해져도 괜찮습니다. 조금은 어색하고 불편할 수 있겠지만, 그 불편함과 친해지는 과정에서 우리는 더 자유롭고 행복한 순간을 경험하게 될 것입니다.

타인의 시선에 대한 두려움을 완전히 없애는 것이란 불가능합니다. 그것은 인간의 자연스러운 감정이기 때문입니다. 하지만 우리에게는 그 두려움에 지배당하지 않을 선택권역시 있습니다. '나'를 솔직하게 표현하는 연습, 서툴더라도그 과정은 각자의 진정한 '나'를 찾아가는 소중한 여정이 될것입니다.

## '많이'는 알지만
## '제대로'는 모른다

친구들과 부동산 대출 규제에 관해 이야기하고 있었습니다. 이번 정책에 대해 어떻게 생각하냐는 친구의 물음에, 저는 자신 있게 답했습니다. "아, 그거? 난 별로던데." 그러자 친구가 "왜? 어떤 부분이 문제인 것 같아?"라고 되묻더군요. 그 순간 머릿속이 하얘졌습니다. '어라? 나 왜 별로라고 생각했지?' 사실 페이스북에서 본 짧은 기사 제목과 댓글 몇 개가 전부였기 때문입니다. 정책의 구체적인 내용도, 배경도, 예상되는 영향도 제대로 알지 못했던 것이죠. 결국 "그냥…… 뉴스에서 그렇다고 하던데? 나도 자세히는……"이라고 얼버무렸습니다. 그때 깨달았습니다. 나는 많이 알고 있는 게 아니라, '많이 안다고 착각'하고 있었구나!

"아, 그거 나도 알아"라는 말을 자주 하지만, 막상 자세히 설명하라고 하면 어려움을 느낀 적이 있나요? 우리는 역사상 가장 많은 정보에 손쉽게 접근할 수 있는 시대를 살고 있습니다. 스마트폰만 있으면 언제 어디서나 원하는 정보를 끊임없이 찾을 수 있죠. 하지만 많은 것을 알고 있다고 생각하면서도 실제로는 제대로 이해하지 못하는 경우가 많습니다. 왜 이렇게 느끼는 걸까요? 정보의 양은 폭발적으로 증가했지만, 우리가 그것을 제대로 소화할 시간과 능력은 그만큼 늘어나지 않았기에 발생한 상황이 아닌가 싶습니다. 단편적이고 피상적인 정보에만 과도하게 노출된 탓에 깊이 있는 이해와 통찰은 오히려 어려워진 것이죠.

## 안다는 것의 착각

유튜브가 배움을 휩쓰는 시대 같습니다. '유튜브 대학'이라는 말이 이제 어색하지 않을 정도니까요. 많은 이들이 유튜브로 정말 많은 걸 배웠다고 말합니다. 주식, 세계 정세는 물론 그 어렵다는 양자역학도 알게 되었다는 사람이 많아졌습니다. 실제로 유튜브를 어느 정도 보면 양자역학에 대해 웬만큼 터득한 것 같다는 생각에 이릅니다. 이제 나도 이 분야에 대해 꽤 안다는 뿌듯함이 생깁니다.

하지만 실제로 양자역학이 무엇인지 설명하라고 한다면? 글쎄요, 5분 이상 말할 수 있을까요? 없을 겁니다. 어쩔 수 없습니다. 유튜브를 통해 얻은 지식은 대부분 표피적일 수밖에 없으니까요. "양자역학은 확률의 세계다." 이런 식의 한 줄 요약만 간신히 기억날 뿐입니다. 정작 그 이론이 왜 나왔는지, 어떤 실험을 통해 증명됐는지, 현실에 어떻게 적용되는지는 전혀 모르는 겁니다. 물론 때로는 이렇게 얕은 지식이 필요한 순간도 있겠지만, 그것이 나의 인생을 바꿀 만큼의 영향력을 지니지는 못합니다. 이뿐만이 아닙니다. 유튜브는 알고리즘을 통해 우리를 한정된 분야, 한정된 시각에만 머무르게 합니다. 제한된 영역에만 머물러 있으면 그보다 넓고 깊은 영역으로 발전하기 어렵습니다. 폐쇄적으로 변하는 겁니다. 진짜 뉴스보다는 내 입맛에 맞춰진 가짜 뉴스를 더 믿게 되고, 누군가의 댓글을 내 의견인 양 그대로 수용하는 것 역시 같은 맥락입니다.

## 양보다는 질, 속도보다는 깊이를

정보 과잉 시대에 사는 우리는 '많이' 아는 것보다 '제대로' 아는 게 중요함을 잊지 말아야 합니다. 10가지를 얕게 아는 것보다 1가지를 깊이 아는 것이 더 가치 있다는 것입니다. 또 한쪽 의견에만 매몰되지 않으려 노력해야 합니다. 같은 사안에 대해 반대 의견이나 중립적인 자료도 의식적으로 찾아보자는 겁니다. 정보는 넘쳐나지만 오히려 진짜 지혜는 외면받는 시대에, '진정으로 안다는 게 무엇인지' 고민하고 작은 것부터 실천해보는 건 어떨까요?

미국의 작가 앨빈 토플러는 "21세기의 문맹은 읽고 쓰지 못하는 사람이 아니라 배우지 않고, 다시 배우지 않고, 새로 배우지 않는 사람이 될 것"이라고 말했습니다. 양보다 질, 속도보다 깊이를 추구하는 자세가 필요합니다. "나는 이것에 대해 정말 알고 있을까?"라는 질문을 스스로에게 끊임없이 던지면서 말이에요. '많이 알지만 제대로 모르는' 이 시대의 아이러니에서 빠져나오기 위해 조금 더 깊이 있게 공부하고, 비판적으로 생각하는 자세를 가져야 하겠습니다. 그 작은 변화가 모여 진정한 지적 성장을 이룰 테니까요.

## 포장은 화려하지만
## 알맹이는 없다

회사에 처음 들어왔을 때가 생각납니다. 신사업을 추진하는 전략 부서였습니다. 회의와 발표가 매일 있었습니다. 징그러울 정도였습니다.

어느 날 새로운 프로젝트 제안서를 발표하는 자리에서, 팀장님 한 분이 온갖 화려한 표현을 써가며 말씀하시더라고요. 역시 외국 유학파라 그런가, 영어로 된 용어도 막 던지시고요. 자세하게 기억나진 않습니다만 요즘 사례에 빗대자면 대략 "혁신적 패러다임의 변화를 선도하는 게임 체인저", "커스터머 프로세스의 새로운 터닝포인트의 디벨롭", "디지털 트랜스포메이션의 코어 스텝" 같은 말이었을 겁니다.

발표가 끝나고 다들 "와, 말씀 정말 잘하신다!", "발표 스킬 엄청나시다!"라며 감탄했습니다. 저도 처음에는 멋있다고 생각했습니다. 하지만 나중에 곰곰 생각하니 이상했습니다. '그래서 실제로 뭘 하겠다는 거지?' 화려한 포장지를 뜯고 나니 정작 그 안에는 별다른 내용이 없었던 것입니다.

물론 "너 참 말 멋지게 잘한다"와 같은 말을 들으면 기분이 좋아집니다. 우리는 종종 말의 본질적인 내용보다는 그것이 얼마나 세련되게 포장되었는지에 더 주목하기 때문입니다. 현대 사회에서 언어는 단순한 의사소통의 도구를 넘어 하나의 '상품'이 되어가고 있습니다.

언어의 상품화 현상은 우리 사회의 여러 특성과 맞물려 있습니다. 정보의 홍수 속에서 주목받기 위해서는 '차별화'가 필요하고, 자신을 끊임없이 '브랜딩'해야 합니다. 또한 빠른 소비를 요구하는 사회 분위기는 여유롭고 깊이 있는 대화보다는 즉각적인 반응을 끌어내는 화려한 말을 선호하게 만들었습니다. 하지만 늘 이렇게 겉만 번질대는 말투성이의 언어 생활이 건강할 리 없습니다.

## 언어에도 '과대 포장'이 있다

마케팅 부서의 한 신입사원이 새로운 제품 출시를 앞두고 고민에 빠졌습니다. 제품의 실제 기능은 크게 혁신적이지 않았지만, 경영진은 '혁명적인' 제품으로 홍보하기를 원했죠. 그는 생각했습니다. '이 제품이 혁명적이라고 하기는 어려운데. 흠… 하지만 그렇게 말하지 않으면 소비자들의 관심을 끌 수 없겠지. 어떻게 하면 더 멋지게 포장할 수 있을까?' 결국 그는 제품의 실제 특징은 빠져 있고 과장된 수식어와 감성적인 문구로 가득한 광고 문안을 작성합니다.

물론 열정 가득한 신입의 입장이라면 저라도 그랬을 듯합니다. 하지만 분명히 문제가 있지요. 그냥 담백하게 쓰면 뭐가 덧나나요? 우리 제품의 실제 장점과 가치에 초점을 맞춘 문구를 좀 더 고민해보는 게 어떨까요? 예를 들어, '일상을 조금 더 편리하게 만드는 작은 혁신'과 같은 표현으로 제품의 실제 기능을 정직하게 소개함과 동시에 소비자들의 관심을 끄는 겁니다. 과장된 표현 대신 제품이 실제로 어떤 특성을 지녔는지를 구체적으로 어필하는 것이 장기적으로는 더 효과적일 수도 있으니까요.

넷플릭스 드라마 「더 글로리」의 한 장면이 떠오릅니다. 세탁소집 딸인 혜정은 친구인 사라의 명품 원피스를 몰래 입고 나와 "남친이 선물한 거야"라고 거짓말을 했다가 친구들로부터 망신을 당합니다. 하지만 혜정은 마치 친구들이 원피스를 선물해준 양 '눈물 셀카'(!)를 찍고 SNS에 거짓 게시물을 올리죠. 사람들에게 보여지는 겉모습이 모든 게 된 세상의 씁쓸한 일면을 보여주는 장면입니다. 꾸밈없고 진솔한 모습을 그대로 보여주는 게 뭐 어때서, 라는 안타까움도 들고요. 굳이 화려하게 포장하지 않아도 일상의 소소한 행복은 얼마든지 공유할 수 있습니다.

하지만 생각해보니 저도 혜정과 크게 다를 바 없는 것 같습니다. 얼마 전 출장을 갔다가 카페에 들렀습니다. 멋진 카페더군요. 카페를 배경으로 사진을 찍고 인스타그램에 올리려다 잠깐 고민했습니다. "출장지에서 커피 마셨다"라고만 쓰면 너무 심심하잖아요. 그래서 이렇게 썼습니다. "내추럴 속의 작은 쉼표, 싱글 오리진 에스프레소 한 잔에 담긴 여유로운 오후의 사색." 어휴, 지금 보니 정말 오글거리네요. 실제로는 그냥 일이 너무 힘들어서 넋을 놓고 아이스아메리카노 원샷 한 게 전부였는데 말입니다. 게시물 내려야겠습니다.

## 껍데기를 걷어내면 보이는 진심

물론 말하고자 하는 바를 적절히 포장해 내보이는 게 무조건 나쁜 건 아닙니다. 효과적으로 의사를 전달하고 설득력 있게 말하기 위해 때로는 거쳐야 하는 과정이기 때문입니다. 치열한 경쟁 속에서 어떻게든 눈에 띄기 위해서는 어느 정도의 포장이 중요할지도 모릅니다. 포장에 일절 신경을 쓰지 않겠다? 현대 사회의 흐름을 오히려 역행하는 태도일지도 모릅니다.

하지만 프랑스의 철학자 롤랑 바르트는 언어가 사람을 지배하고 강제하는 권력이 될 수 있다고 말했습니다. 언어를 사용할 때에는 그 영향력과 책임을 항상 인식해야 한다는 것입니다. 진짜 소통은 겉 포장이 아니라 그 안의 진심으로부터 시작됩니다. 별게 아닙니다. 누군가 화려한 말로 무언가를 설명할 때, 한 번 더 생각하는 여유만 갖고 있으면 됩니다. 이렇게요. '이 사람이 진짜 하고 싶은 말은 뭘까?' 화려한 겉 포장도 좋지만, 그 껍데기를 걷어내면 비로소 보이는 작지만 빛나는 진심에 주목해보는 건 어떨까요? 진짜 좋은 소통은 바로 거기에서 시작됩니다.

## 회피한다고 해결되는 일이 아닙니다

'아, 그냥 넘어갈까? 괜히 말했다가 관계만 안 좋아질 것 같아.' 많은 사람들이 갈등을 피하기 위해 자신의 솔직한 생각을 말하지 않고 넘어갑니다. 한국 사회에서 '직언'을 하기란 유난히 어려운 것 같습니다. 솔직한 의견 표현을 어려워하고 갈등을 회피하는 성향은, 갈등 자체에 대해 느끼는 개인적 불편함과 집단의 조화와 체면을 중요하게 여기는 사회적 분위기가 복합적으로 작용한 것입니다. 하지만 만성적인 갈등 회피는 때로 더 큰 문제를 일으키거나 개인과 조직의 발전을 저해할 수 있습니다.

실제로 "저 사람 눈치 없다"라는 말은 한국 사회에서 가장 치명적인 비판 중 하나입니다. 이 한마디에는 우리 사회가 상대방의 기분과 분위기를 읽고 맞춰주는 것을 얼마나 중요하게 여기는지가 압축되어 있습니다. 자신의 의견을 직설적으로 표현하는 사람은 분위기 파악도 제대로 할 줄 모르는 사람으로 낙인찍히기 쉽습니다. 이러한 눈치 문화는 조선시대 유교 사회 등 예로부터 형성된 위계질서와 깊은 관련이 있다고 봅니다. 아랫사람이 윗사람에게 솔직하게 말하는 것은 예의에 어긋나는 일, 심지어 목숨을 걸어야 하는 일로 여겨졌으니까요.

오늘날은 목숨의 위협까지는 아니겠지만, 사회적 관계에서의 불이익이나 배제에 대한 두려움은 여전히 팽배해 있습니다. 특히 한국어의 높임법 체계는 이러한 위계 문화를 더욱 공고히 합니다. 나이, 지위, 경험에 따라 달라지는 언어 구조 속에서, 아랫자리에 있는 사람이 윗사람에게 반대 의견을 표현하는 것은 언어적으로도 부자연스러울 수밖에 없습니다.

## 체면만 챙기다 잃는 것들

한국 사회에서 중요시하는 요소 중 하나는 바로 '체면'입니다. 체면은 단순한 자존심의 문제가 아닙니다. 체면은 개인의 사회적 지위와 직결되는 요소이며, 체면을 잃는다는 것은 사회적 죽음과 같은 의미를 갖기도 합니다. 따라서 자칫하면 상대방의 체면을 건드릴 수도 있는 직언은 매우 조심스러운 일이 됩니다. 이러한 체면 문화는 우리를 '돌려 말하기'에 능숙하게 만들었습니다.

"그런 것 같기도 하고…"
"글쎄요…"
"생각해보겠습니다."

"예스"인지 "노"인지를 말할 수 있음에도 말할 수 없는 이상한 상황에서, 이러한 애매한 표현들은 모두 직접적인 거절이나 반대를 피하면서도 상대방의 체면을 세워줄 수 있는 한국적 소통 방식입니다. 하지만 이러한 모호한 의사소통은 크고 작은 부작용을 낳습니다. 진짜 의미를 파악하기 위해서는 앞뒤 맥락을 읽고 상대방의 눈치를 봐야 하는데, 이 과정에서 오해가 생기거나 중요한 의견이 묻히는 경우가 발생합니다. "네"라고 했지만 실제로는 반대 의견을 가지고 있거나, "괜찮다"라고 했지만 사실은 불만이 있는 상황들은 일상적으로 벌어집니다.

여기에 더해 한국 문화에서 '갈등'이란 기본적으로 '안 좋은 것'으로 여겨집니다. '갈등 없는 평화로운 관계'만이 이상적이고 옳은 관계라고 받아들여지며, 갈등이 발생했다는 것은 누군가 잘못한 것이라는 인식이 강합니다. 이는 갈등을 통한 발전이나 성장의 가능성을 원천적으로 차단하는 결과를 낳을 수밖에 없습니다. 서양 문화권에서는 갈등을 자연스러운 현상으로 받아들이고, 갈등을 더 나은 해결책을 찾아가는 과정으로 인식하는 경우가 많다고 합니다. 반면 한국 문화에서는 갈등 자체를 피해야 할 대상으로 보기 때문에, 갈등의 씨앗이 될 수 있는 직언도 함께 회피하게 되는 것입니다.

갈등을 기피하는 경향은 어려서부터 심어집니다. 어렸을 때 부모님 혹은 선생님께 들었던 말, 대표적으로 무엇이 기억나시나요?

"싸우지 말고 사이좋게 지내."

이 말 아닌가요? 이렇게 지도를 받으며 자라난 아이들은 의견의 다름이나 갈등을 부정적인 것으로만 학습할 수밖에 없습니다. 토론 문화? 발달하지 못하는 게 당연할 정도입니다. 하지만 갈등을 무작정 기피하는 것이 언제까지나 능사일 수는 없습니다. 날로 세계화하는 현 시대에선 다양한 문화적 배경을 가진 사람들과 협력해야 하고, 그만큼 솔직하고 직접적인 소통이 필요한 상황 역시 많아지고 있는데 말입니다.

다행인 것은 젊은 세대를 중심으로 기존의 전통적인 위계 문화에 대한 의문이 제기되고 있으며, 수평적 소통을 추구하는 조직들도 늘어나고 있다는 점입니다. 제가 속한 조직도 마찬가지입니다. 예전엔 사원급에게 대리급은 말 그대로 '하늘'이었습니다. 하지만 요즘엔? 그냥 동료입니다. 이러한 변화 속에서, 건설적인 직언을 할 수 있는 능력은 개인의 성장과 조직의 발전을 위해 필수적인 역량이 되어가고 있습니다.

## '직언'과 '평화적인 소통'은 공존할 수 있다

갈등을 무작정 피하려는 태도는 오히려 더 큰 갈등을 만듭니다. 겉으로 보기엔 평화로워 보이지만, 안으로는 해결되지 않은 문제들이 계속 누적되어 결국 조직이나 관계를 파괴하는 결과를 낳기 때문입니다. 직언을 어려워하는 문화 역시 진정한 소통을 어렵게 만듭니다. 모든 사람이 상대방의 기분을 맞춰주려고만 하다 보니, 그 사람의 진짜 의견은 무엇인지 알기 어려워집니다. 회의에서는 모두가 동의하는 것처럼 이야기하지만, 알고 보면 속으로는 아무도 동의하지 않는 상황이 벌어지기도 합니다.

그러니 회사에서의 소통은 점점 어려워집니다. "회사에서는 남이 하는 말을 곧이곧대로 받아들이면 안 된다"라는 말도 있지 않나요? 회사원이라면 '해석'(?)을 잘해야 한다는 뜻이죠. 맞습니다. 이걸 잘 못하면 직장 생활이 괴롭습니다. 예를 들어 다른 부서와 협의할 때 그쪽에서 우리에게 "내부 협의를 마친 후에"라고 했다면 그건 "뒷담화하고 나서"라는 의미로 받아들여야 합니다. "가능한 부분을 찾아볼게요"는 사실 "불가능하다"라는 걸 뜻하고요. "아쉽지만 다음에는"이라고 했다면? 맞습니다. "다시는 만나지 말자"라는 뜻이겠죠. 직장 생활이 이래서 힘듭니다. 하지만 힘들다고 소통을 포기할 수는 없는 노릇입니다.

이제 관점을 바꿔야 합니다. 미국의 심리학자 마셜 로젠버그는 "폭력적이지 않은 의사소통(비폭력대화)은 우리의 본성에 내재한 연민을 끌어내는 것"이라고 말했습니다. 여기서 말하는 '비폭력대화'란 무조건적인 '돌려 말하기'가 아닙니다. 상대방을 비난하거나 비판하지 않는 선에서 자기 마음을 솔직하게 표현하는 방법이죠. 그런 면에서 직언 역시, 상대방의 입장을 충분히 고려한 후에 이뤄졌다면 서로를 이해하고 발전시키는 평화적인 소통으로 거듭날 수 있습니다.

## 나의 바람과
## 타인의 기대 사이에서

"나는 누구인가?" "내가 정말 원하는 것은 무엇인가?" 언제 들어도 어려운 질문입니다. 자신의 욕구와 타인의 기대가 어긋나 그 사이에서 갈등할 때, 우리는 '자아 정체성의 혼란'을 겪게 됩니다. 자아 정체성의 혼란은 개인의 욕구와 사회적 기대 사이의 괴리, 급변하는 사회 속에서 끊임없이 변화를 요구받는 환경, SNS를 통해 타인의 삶과 나의 삶을 끊임없이 비교하게 되는 상황 등이 복합적으로 작용하며 생겨납니다. 이러한 혼란은 삶의 방향성을 흐리게 만들고, 진정한 자아실현을 방해할 수 있습니다.

## 모두에게 사랑받는 남자, 김 씨 이야기

32세 회사원 김 씨는 주변 사람들에게 '정말 좋은 사람'이라는 평가를 받습니다. 직장 동료들은 김 씨를 "항상 배려심 깊고 협조적인 사람"이라고 말하고, 친구들은 "함께 있으면 편안하고 분위기를 잘 맞춰주는 친구"라고 칭찬합니다. 하지만 김 씨의 하루는 늘 고단합니다. 아침 출근길, 지하철에서 만난 선배가 "어제 야근하느라 고생했어. 오늘도 힘내자"라고 말하면 김 씨는 "네, 선배님! 오늘도 열심히 하겠습니다"라고 밝게 대답합니다. 사실 어제 야근한 이유는 본인의 업무 때문이 아니었습니다. 하지만 선배가 요청해오는 도움을 거절할 수 없었기 때문에 어쩔 수 없이 야근을 했던 것이죠.

업무 시간엔 팀장이 "김 씨, 이 전략 어떻게 생각해?"라며 의견을 물어보곤 합니다. 김 씨는 항상 "좋은 아이디어인 것 같습니다. 열심히 해보겠습니다!"라며 씩씩하게 답합니다. 내심으로는 잘 알지도 못하는 분야고 시간도 너무 빡빡한 것 같다고 생각했지만, 부정적인 의견을 말해서 쓸데없이 분위기를 해치고 싶지 않았기 때문입니다. 팀장은 김 씨의 긍정적인 태도를 높이 평가했고, 다른 동료들도 "김 씨만큼 협조적인 사람이 또 있을까"라며 감탄했습니다.

점심시간이 되면 동료들이 "김 씨, 오늘 뭐 먹을까?"라고 물어봅니다. 김 씨는 순두부찌개, 된장찌개 등의 한식을 좋아합니다. 하지만 누군가 "중국집은 어때요?"라고 하면 그냥 군말 없이 따라갑니다. 김 씨의 진짜 취향은 아무도 모릅니다. 그렇게 김 씨가 원하는 것과 좋아하는 것은 김 씨 자신에게조차도 점점 희미해져가고 있었습니다.


## 변화는 작은 용기로부터

변화의 계기는 의외의 순간에서 찾아왔습니다. 김 씨가 입사한 지 3년 차에 새로 들어온 신입이 술자리에서 김 씨에게 이렇게 말한 겁니다. "선배님은 항상 다른 분들의 의견에만 맞추시는 것 같습니다." 김 씨는 당황했습니다. 너군다나 그 신입은 대학교 후배이기도 했기에 부끄러웠습니다.

"나는, 음…"이라며 머뭇거리던 김 씨에게 신입은 말했습니다. "솔직히 말씀드리면, 선배님이 진짜 어떤 생각을 하시는지 궁금해요. 항상 '좋다', '괜찮다'라고만 하시니까 선배님을 잘 모르겠어요."

그날 밤, 집에 돌아온 김 씨는 대학 후배이자 직장 후배인 신입의 말을 곱씹어보았습니다. '나를 잘 모르겠다고?' 생각해보니 정말 그랬습니다. 사람들은 김 씨를 '좋은 사람'이라고 평하곤 했지만, '좋은 사람'이 아닌 다른 말로 김 씨를 표현하는 사람은 아무도 없었습니다. 본인조차도 자신을 모르는데 다른 사람이 알 리가 없었습니다.

다음 날, 김 씨는 작은 실험을 해보기로 했습니다. 점심 메뉴를 정할 때 처음으로 자신의 의견을 말해보기로 한 것이죠. 동료들이 "오늘 뭐 먹을까?"라고 물었을 때, 김 씨는 잠시 망설이다가 말했습니다. "된장찌개 어떠세요?" 동료들이 잠시 놀란 표정을 지었습니다. 그동안 김 씨가 먼저 메뉴를 제안한 적이 한 번도 없었기 때문입니다.

하지만 곧 한 동료가 "오, 좋네! 나도 국물 생각났어"라고 반응했습니다. 그때 김 씨는 자신의 의견을 말해도 사람들이 거부하지 않는다는 것을 처음 깨달았습니다. 입사한 지 3년이나 되어서요. 아무튼 그날 점심은 유독 맛있었습니다. 그리고 뿌듯했습니다. 자신의 의견을 당당히 표현하는 것이 이렇게 기분 좋은 일임을 처음 경험한 것이죠.

며칠 후, 팀 회의에서 더 큰 도전이 찾아왔습니다. 팀장이 새로운 전략 일정에 관해 설명하며 "다들 어떻게 생각해?"라고 물었습니다. 평소라면 부리나케 "좋은 계획입니다"라고 답했을 김 씨였지만, 이번에는 달랐습니다. 심호흡하고 말했습니다. "팀장님, 이 일정은 조금 빡빡해 보이는데요. 특히 2주 차 부분에서 예상보다 시간이 더 걸릴 것 같습니다."

회의실이 잠시 조용해졌습니다. 대리님, 과장님으로 가득한 팀에서 이제 신입사원의 티를 갓 벗은 3년 차 김 씨의 가슴이 두근거렸습니다. '내가 지금 무슨 짓을 한 거지?' 하지만 팀장은 의외로 "음, 그럴 수 있겠네. 어느 부분이 문제가 될 것 같아?"라고 되물었습니다. 김 씨는 용기를 내 자신이 생각한 문제점들을 구체적으로 설명했습니다. 팀장은 고개를 끄덕이며 말했습니다. "좋은 지적이야. 이 부분은 다시 검토해보자."

회의가 끝난 후, 몇몇 선배들의 따가운 시선이 있긴 했습니다. 하지만 동료 한 명이 김 씨에게 다가와 말했습니다. "오늘 네가 한 말 정말 필요한 지적이었어. 나도 사실 그 부분이 걱정됐는데 말하지 못하고 있었거든." 김 씨는 놀랐습니다. 자신만 그런 생각을 하는 줄 알았는데, 다른 사람들도 비슷한 우려를 하고 있었으니까요.

김 씨의 변화는 점진적이었지만 확실했습니다. 한번 자기 생각을 표현하기 시작하자, 다음은 조금 더 쉬워졌습니다. 친구들과의 만남에서도 변화가 보이기 시작했습니다. 친구들과 요즘의 관심사에 대해 이야기할 때, 김 씨는 스스럼없이 말할 수 있게 되었습니다. "나는 요즘 책 읽는 재미에 빠져 있어. 특히 철학책이 흥미로워. 이런 분야의 대학원에 진학할까 고민 중이야."

김 씨는 깨달았습니다. 자신이 진짜 모습을 숨기는 데 급급했기 때문에 다른 사람들도 자신의 진짜 모습을 보여주지 않았다는 것을요. 그가 솔직해지자 다른 사람들도 더 솔직해졌습니다. 깨질까 우려했던 관계는 오히려 더 깊어졌습니다. 특히 회사에서의 변화가 극적이었습니다. 자기 의견을 적극적으로 표현하자, 팀장이 그를 더 신뢰하게 되었죠.

무엇보다 김 씨 스스로가 변했습니다. 아침에 거울을 볼 때 낯선 사람이 아닌 자신이 보였습니다. 자신이 무엇을 좋아하고 무엇을 싫어하는지 알게 되었고, 어떤 가치관을 지니는지도 명확해졌습니다. 다른 사람의 기분을 맞춰줘야 할 일들은 여전히 있었지만, 그것이 나 자신을 포기할 만큼 중요하지는 않다는 사실을 배웠습니다.


## 가장 중요한 건 남이 아닌 나 자신

'김 씨 이야기', 어떠셨나요? 눈치를 채셨나요? 부끄럽게도 오래전 저의 이야기였습니다. 그때의 저는 깨달았습니다. 모든 사람에게 사랑받으려고 노력하는 것보다 진정한 자신으로 사는 것이 훨씬 의미 있는 삶이라고요. 물론 그 과정에서 생기는 갈등을 피할 순 없고, 모두가 저를 좋아하게 만들 수는 없습니다. 압니다. 하지만 저를 좋아하지 않는 사람들과 관계를 맺겠다고 아등바등하느니, 저를 이해하고 진정으로 좋아하는 사람들과 소중한 관계를 더 많이 쌓는 편을 선택하기로 했습니다.

저는 있는 그대로의 제가 되고자 합니다. 나 자신을 지키며 사는 과정은 고통스럽지만 궁극적으로 보람 있는 여정이라고 생각합니다. 물론 여전히 적당한 사회생활은 해야 합니다. 제 생각과 타인의 요구 사이에서 균형을 잘 잡는 것 또한 오랜 과제입니다. 하지만 이제는 제 내면의 목소리에 조금 더 귀를 기울이고자 합니다. 제가 한 사람으로 온전히 선 후에야 비로소 또 다른 누군가가 있는 것이지, 다른 누군가로 인해 제가 존재하는 건 아니니까요.

# 3장

## 나다운 언어를
## 발굴하는 법

## 찾기:
## 좋은 콘텐츠를 가려내는
## 능력 기르기

"어떻게 좋은 콘텐츠를 찾아낼 수 있을까?" 콘텐츠를 다루는 사람이라면 늘 하는 고민입니다. 우리는 매일 엄청난 양의 정보에 노출됩니다. 하지만 그중에서 정말 가치 있고 유익한 콘텐츠를 찾아내기란 쉽지 않습니다. 좋은 콘텐츠를 가려내는 능력은 사고와 언어 세계를 확장함에 있어 중요한 역량이자, 우리가 더 나은 '화자(話者)'가 되는 데 필수적인 과정입니다.

## 양질의 정보를 찾는 5 STEP

몇 년 전의 일입니다. 중요한 프레젠테이션을 앞두고 있었습니다. 멋진 발표를 하겠다는 열정으로 유튜브 검색창에 "프레젠테이션 스킬"이라고 검색했는데, 무려 수천, 아니 수만 개의 결과가 나왔습니다.

"10분 만에 마스터하는 발표법"

"조회수 100만! 프레젠테이션의 신이 알려주는 비법"

"하버드에서 배운 최고의 발표 기술"

제목들은 하나같이 화려했습니다. 일단 조회수가 높은 것부터 살펴보며 감상을 메모했습니다.

첫 번째 영상: 10분짜리 영상이지만 실질적인 분량은 2분, 나머지는 광고와 구독 요청.

두 번째 영상: "열정적으로 말하세요!"라는 뻔한 조언만 반복.

세 번째 영상: 너무 추상적이어서 실제로 뭘 하라는 뜻인지 모르겠음.

1시간 동안 영상을 이것저것 봤지만 남은 건 "열정적으로 하라"는 추상적인 말뿐이었습니다. 오히려 더 혼란스러워졌습니다. 어쩔 수 없이 서점에 가서 발표 관련 책들을 찾아봤는데, 여기도 마찬가지였습니다. 베스트셀러 매대에 있는 책들은 "세계 1등 CEO들의 발표 비법", "3일 만에 완성하는 파워포인트 달인 되기" 같은 화려한 제목과 "○○만이 알려주는", "세계 최초 공개" 같은 문구들만 가득했습니다.

한 권을 사서 집에 와서 읽어봤는데, 300페이지 중에 정작 유용한 내용은 10페이지 정도였습니다. 나머지는 뻔한 이야기나 저자 자랑으로 채워져 있었습니다. 솔직히 그 책에서 제가 도움을 받은 건 책을 사면 제공해주는 파워포인트 양식이 전부였습니다.

그때 느꼈습니다. 많은 이야기를 담고 있다고 해서 다 좋은 정보는 아니라는 것을, 오히려 진짜 필요한 정보를 찾기가 더 어려워질 수도 있다는 것을 말입니다. 이제 같은 상황을 또 마주한다면 저는 다음 단계를 따르려고 합니다.

### 1단계. 목표 설정하기

"나는 설득력 있는 프레젠테이션 스킬을 배우고 싶다."

### 2단계. 다양한 소스 활용하기

유튜브뿐만 아니라 TED 강연, 발표 관련 서적, 전문가의 블로그 등을 종합적으로 살펴보기

### 3단계. 신뢰성 확인하기

콘텐츠 제작자의 경력, 다른 사용자들의 리뷰 등을 확인하기

### 4단계. 실천 가능성 고려하기

내가 당장 적용할 수 있는 구체적인 팁이 있는지 확인하기

### 5단계. 지속적으로 익히기

한 번 보고 끝내는 것이 아니라, 정기적으로 새로운 기법을 학습하고 연습하기

너무 뻔한가요? 하지만 이 뻔한 방법을 통해 스스로 찾은 정보가 검색 사이트에서 대강 찾은 정보보다 훨씬 양질일

것이라고 저는 생각합니다.

하나 더, 저는 성공 사례만 있는 콘텐츠보다는 실패 사례와 그에 대한 해결책도 함께 제시하는 콘텐츠를 선호합니다. 현실은 항상 계획대로 되지 않기 때문에, 예상치 못한 상황을 맞닥뜨렸을 때나 실패했을 경우에 대처하는 방법을 알려주는 콘텐츠가 더 유용합니다. '나 잘났다!'만 강조하는 콘텐츠는 듣는 사람에겐 그다지 재밌게 들리지 않는 경우가 대부분이니까요.


## 좋은 콘텐츠가 자양분이 되기까지

수집한 콘텐츠를 내 것으로 만들기 위해 '능동적 시청과 메모의 힘'도 기억하면 좋겠습니다. 유튜브 하나를 보더라도 그냥 수동적으로 보지 말고 나름의 분석을 해보면서, 메모하면서 보자는 겁니다. "이 부분은 내가 써먹을 수 있겠다", "이 기법은 어떤 상황에서 쓰면 좋을까?" 이렇게 능동적으로 콘텐츠를 소비한다면 얻어 가는 게 훨씬 많을 것입니다. 예를 들어 어떤 강연을 볼 때도 단순히 "좋은 강연이네" 하고 넘어가는 게 아니라, "왜 이 사람의 말이 설득력 있게 들릴까?", "이 사람은 말할 때 주로 어떤 제스처를 쓸까?" 등을 관찰하고 기록하는 것이죠.

우리는 드넓은 정보의 바다에서 헤엄치며 지적 갈증을 느끼는 존재입니다. 얼마나 많은 정보를 접하는지보다 질 좋은 정보를 얼마나 잘 선별해내는지가 핵심입니다. 좋은 콘텐츠를 가려내기란 시간과 노력이 필요한 과정이지만, 반드시 가치 있는 투자가 될 것입니다. 양질의 콘텐츠를 통해 우리는 더 풍부한 표현력, 더 설득력 있고 더 효과적인 의사소통 능력을 갖출 수 있기 때문입니다. 좋은 콘텐츠는 우리의 언어를 보다 풍부하게 만드는 자양분이 됩니다.

## 비판적 읽기:
## 텍스트 너머의 맥락과 의도 파악하기

2년 전, 경제서를 읽고 각자의 의견을 나누며 토론하는 독서 모임에 가입하게 되었습니다. 책을 읽고 토론을 위한 자료를 찾다가, '집값 안정을 위한 정부 정책의 효과'에 대해 다룬 한 기사를 발견했습니다. 처음에는 정말 객관적인 분석 기사라고 생각했습니다. 기사에서는 정부의 규제 정책이 집값 상승을 억제하는 데 효과적이라고 분석했는데, 이를 뒷받침하는 그래프도 화려했고 수식도 많았거든요.

그런데 곰곰 생각하니 이상했습니다. 당시 최근 몇 년간 부동산 규제가 강화됐음에도 실제 집값은 계속 올랐다는 뉴스를 본 기억이 났기 때문입니다. 그렇다면 정말 규제만으로 집값이 안정될 수 있는 것일까? 궁금했습니다. 기사를 다시 찬찬히 읽어보니, 공급 부족 문제나 저금리 정책의 영향에 대한 언급은 전혀 없었습니다. 오히려 "정부 정책이 성과를 거두고 있다"라는 식으로 규제의 효과만 강조하고 있었습니다.

더 궁금해졌습니다. 이 기사는 누가, 어떤 의도로 쓴 걸까요? 알고 보니 그 기사는 정부 산하 연구기관에서 발표한 보고서를 바탕으로 작성한 것이었습니다. 순간 소름이 돋았습니다. 정말 객관적인 분석인지, 아니면 정부 정책을 옹호하려는 의도로 쓰인 것인지 의심스러워졌거든요. 관련 자료를 더 찾아봤습니다.

더욱 놀라운 사실을 발견했습니다. 부동산 시장에 관한 기사들이 발표 주체에 따라 완전히 다른 결론을 내리고 있었습니다. 정부 기관의 보고서는 규제의 효과를 강조하는 반면, 부동산 업계의 보고서는 규제의 부작용을 강조하더군요. 그 이후로 저는 부동산 관련 기사를 볼 때마다 일종의 '선입견'을 장착하고 읽어봅니다. "왜 이런 분석을 내놓은 걸까?", "누구에게 유리한 해석일까?" 이런 선입견은 괜찮은 선입견 아닌가요?

이 경험을 통해 깨달았습니다. 같은 주제를 다룬 콘텐츠라도 누가, 언제, 왜 만들었는지에 따라 서로 완전히 다른 방향성을 갖게 된다는 것을 말이죠. 그리고 저는 다행스럽게 여깁니다. 이를 계기로 얻은 비판적 시각이 저의 생각과 말하기를 훨씬 더 깊이 있고 설득력 있게 만들어주었다는 것을요.

## 자기계발서에도 문화적 맥락이 있다

비슷한 경험은 사실 또 있습니다. 조금은 오래전의 일입니다. 팀 리더가 되고 나서 리더십에 대해 다룬 여러 자기계발서를 읽었습니다. 많은 책에서 '강력한 카리스마', '확신에 찬 어조', '단호한 결정', 이런 것들을 강조했습니다. 예시를 든 인물들은 대부분 서양의 CEO들이었습니다. 스티브 잡스처럼 강력하게 밀어붙이거나, 일론 머스크처럼 파격적인 결정을 내리는 리더십 스타일 위주였죠.

처음에는 가슴이 뛰었습니다. '그래! 나도 이런 리더가 되어야겠어!' 그런데 막상 팀원들에게 적용하려니 너무 어색했습니다. 한국 문화에서는, 그리고 저라는 사람에게는 영 어울리지 않았습니다. 팀원들이 너무 강압적이라고 느꼈을 것 같다는 생각도 했습니다. 특히 기억에 남는 건, 책에서 배운 대로 팀원에게 '직설적인 피드백'을 주려고 했을 때였습니다. "이 부분이 잘못됐습니다. 다시 해주세요!"라고 말했더니, 그 팀원이 상당히 위축되더군요. 나중에 다른 팀원을 통해 들어 보니 "팀장님이 요즘 너무 차갑다"라는 소리가 나오고 있었 습니다.

그때 깨달았습니다. 제가 읽은 자기계발서는 미국인이, 미국의 기업 문화를 바탕으로 쓴 책이었습니다. 한국의 집단 주의 문화나 나이·위계·관계 중심의 소통 방식은 전혀 고려 되지 않은 내용이었습니다. 책에서는 "직설적으로 말하라" 라고 강조했지만, 한국에서는 때로 '돌려서 말하기'가 더 효 과적일 수 있습니다. 그 후로는 책에서 어떤 메시지를 얻을 때 "이 조언이 내가 속한 문화와 환경에 적합한가?"를 한 번 씩 짚어보게 됐습니다. 아무리 이론이 좋으면 뭐 하나요? 실 제로 적용할 수 있어야 진짜 좋은 것 아니겠습니까?

## 뉴스에서 발견한 관점의 다양성

요즘은 인터넷에서 뉴스를 볼 때도 예전과는 완전히 다르게 접근합니다. 같은 사건이라도 언론사마다 어떻게 다르게 보도하는지 비교해보는 겁니다. 예를 들어 '최저임금 인상'이라는 소식에 대해 A 신문은 "최저임금 인상으로 소상공인 부담 가중"이라는 타이틀을 내걸고, B 신문은 "최저임금 인상으로 저소득층 생활 개선 기대"라고 보도합니다. 같은 사건인데 완전히 상반된 프레임으로 접근하고 있죠. A 신문은 사업주의 입장을 대변하는 반면, B 신문은 노동자의 입장에서 이 사안을 바라보고 있는 겁니다. 더 흥미로운 건, 같은 언론사라도 기사를 쓰는 기자에 따라 관점이 달라질 수 있다는 점입니다. 경제부 기자가 쓴 기사와 사회부 기자가 쓴 기사는 같은 이슈라도 전혀 다른 시각을 보일 수 있죠.

한번은 AI 기술 발전에 관한 기사를 여러 언론사에서 동시에 비교해봤는데 정말 재미있었습니다. IT 전문지는 "AI 기술 혁신, 새로운 성장 동력 기대"라고 내건 한편, 경제지의 기사 제목은 "AI 도입으로 기업 생산성 향상, 투자 증가"였습니다. 반면 진보 성향의 한 전문지는 "AI 확산으로 일자리 위기

우려"라고 보도하더군요. 같은 아이템을 이렇게 다양한 관점에서 바라볼 수 있다는 게 신기했습니다.

중요한 건 둘 중 어느 쪽이 맞고 틀렸는지가 아니라, 각각 어떤 관점에서 접근하고 있는지를 파악하는 것입니다. 이렇게 비판적으로 읽는 습관이 생기니까, 내 생각을 말하는 방식도 완전히 달라졌습니다. 예전에는 "뉴스에서 이렇게 나왔는데요?"라고 단순하게만 인용했다면, 이제는 "뉴스에서는 ○○ 관점에서 접근하고 있는데, 다른 관점에서 보면 ○○할 수도 있을 것 같습니다"와 같이 말하려고 노력합니다. 직장 회의에서도 누군가 자료를 가져와서 "이 데이터에 따르면"이라고 말할 때, "이 데이터의 출처는 어디인가요? 다른 조사 결과는 어떤가요?"라고 질문할 줄도 알게 되었죠.

좋아진 점, 분명히 있습니다. 무엇보다 제 의견에 대한 확신이 생겼습니다. 여러 자료를 비판적으로 검토하고 나서 내린 결론이니 그냥 어디서 주워들은 이야기와는 다릅니다. 지금은 어떠한 정보를 섭할 때마다 자동으로 "이 정보가 정말 신뢰할 만한가?", "다른 관점은 없을까?", "특정한 누군가의 이익을 대변하고 있는 건 아닐까?"라는 질문을 떠올립니다. 조금 피곤할 수도 있지만, 한쪽 의견에 치우치지 않고 더 정확한 판단을 할 수 있게 되니 결과적으로 훨씬 좋습니다.

읽기는 단순히 단어를 따라가는 행위가 아니라 세상을 읽는 활동입니다. '텍스트 너머의 맥락과 의도 파악하기'는 정보의 홍수 속에서 진실을 찾아내고, 그것을 효과적으로 전달하는 데 필수적인 능력입니다. 이제 글을 비판적인 시각에서 조금 더 깊이 있게 읽고, 이를 바탕으로 우리의 말하기를 더욱 풍성하고 설득력 있게 정비하는 건 어떨까요?

## 다듬기 :
## 좋은 '말소스'를 내 것으로 만들기

다른 사람의 말과 글에서 인상 깊은 표현을 발견할 때가 종종 있습니다. 하지만 그것을 내 말과 글에 그대로 가져다 붙인다고 해서 내 것이 되는 건 아닙니다. 좋은 표현, 즉 좋은 '말소스'를 발견했다면, 그것을 자기의 것으로 만드는 과정이 필요합니다. 다시 말해 좋은 표현을 그대로 베끼는 게 아니라, 그 표현의 본질적인 의미를 파악해서 자신만의 언어와 자신만의 스타일로 변형·가공해야 한다는 것입니다. 마치 요리할 때 시판 소스를 그대로 붓는 게 아니라 내 입맛에 맞게 조절한 수제 소스를 쓰는 것처럼 말입니다. 이는 단순한 모방이 아니라 창조적으로 재해석하고 적용하는 과정입니다.

## 말 고수들의 자연스러운 표현법

SNS를 보면 어디선가 멋진 문구를 보고 그대로 복사해서 올렸는데, 그 사람의 평소 어투와 전혀 안 맞아서 어색한 경우를 봅니다. 마치 중학생이 갑자기 정장을 입고 나타난 것 같은 느낌입니다. 진짜 고수들은 다릅니다. 예를 들어 유재석 씨가 그렇습니다. 「유퀴즈 온 더 블럭」에 인터뷰이로 출연한 수능 만점자가 유재석 씨에게 물었습니다. "국민 MC로서 최정상에 오르는 목표를 달성하셨는데, 그다음의 목표는 무엇인가요?" 이에 유재석 씨가 대답했습니다. "어디까지 가야 한다는 목표를 정해놓으면 스트레스가 생깁니다. 그래서 저는 목표가 없습니다. 제 답변에 실망하셨죠? 하지만 사실입니다. 다만 하루하루 맡은 일에 최선을 다할 뿐입니다." '오늘에 집중하자', '성실하게 살자'라는, 어쩌면 뻔할 수도 있는 메시지를 그만의 표현으로 풀어내는 모습이 참 멋있고 인상적이라는 생각이 들었습니다.

연예인만 그런가요. 최근엔 말 잘하는 과학자도 많습니다. "뇌과학적으로 말하면", "연구에 따르면"과 같은 딱딱한 표현 대신 "우리 뇌는 참 재미있게도"라는 식으로 운을 떼며 듣는 이들의 흥미를 불러일으킵니다. 같은 내용이지만 훨씬 친근하고 호기심을 자극하는 표현을 선택해서 말하는 것이죠. 유재석 씨도, 그리고 말 잘하는 과학자들도 모두 말의 고수입니다. 이들의 공통점은 원래 표현의 '핵심'은 놓치지 않되, 자신만의 '색깔'을 입힐 줄 안다는 것입니다.

이들은 모두 자신만의 스타일을 토대로 '말소스'를 제대로 활용할 줄 압니다. 사실 우리도 살면서 좋은 '말소스'를 자주 만납니다. 드라마 대사 한 줄에 마음이 뛰기도 하고, 누군가의 인스타 문구에 무릎을 치기도 합니다. 하지만 그것을 자신만의 언어로 새롭게 만들어내느냐 아니냐에는 큰 차이가 있습니다.

## 말소스, 제대로 써먹는 기본 3원칙

사업팀에서 신규 서비스 기획안을 발표할 때의 일입니

다. 평소처럼 "혁신적이고 획기적인"이라는 무난한 표현을 쓸까 했는데, 뭔가 뻔하고 진부했습니다. 그때 마침 읽고 있던 책에서 "문제를 해결하는 것보다 문제를 재정의하는 것이 더 중요하다"라는 문장을 봤습니다. 이 문장이 마음에 들어서 처음에는 그대로 발표 자료에 써먹으려 했는데, 당시 팀장님 성격상 "그게 무슨 소리입니까?"라고 하실 게 뻔했습니다. 그래서 이렇게 풀어서 설명했죠. "경쟁사가 '어떻게 하면 더 고사양의 서버를 제공할까?'에 관해 고민할 때, 우리는 다른 질문을 던졌습니다. '우리의 서버를 이용하는 고객이 가장 많이 하는 행동이 뭘까? 그 행동을 더욱 편하게 만들 수 있는 추가적인 기능은 없을까?'" 결과는? 팀장님이 "오, 이런 접근은 신선하네요"라고 하시더군요. 성공이었습니다.

물론 실패도 많았습니다. 한때 손석희 앵커의 말투가 멋있어 보여서 따라 해본 적이 있습니다. "그렇습니다", "바로 그 지점에서"와 같은 표현을 회의에서 썼는데, 선배님 한 분이 회의 끝나고 "왜 갑자기 뉴스 진행해?"라며 웃으셔서 창피했던 기억이 있습니다. 그때 깨달았습니다. 좋은 표현이라고 해서 누구에게나, 어떤 상황에서나 맞는 건 아니라는 사실을, 내 성격과 상황, 내가 말하는 상대방 등 모든 걸 고려해야 한다는 것을 말입니다. 그래서 지금은 나름의 원칙을 세웠습니다.

### 첫째, 충분히 숙성시키기

마음에 드는 표현을 발견하면 일단 메모합니다. 그리고 주기적으로 다시 보면서 "이걸 내 방식으로 어떻게 바꿀 수 있을까?"를 생각합니다. 급하게 쓰지 않고 천천히 숙성시키는 거죠.

### 둘째, 상황에 맞게 조절하기

같은 표현이라도 듣는 상대방과 말하는 상황에 따라 다르게 변형합니다. 회사에서 쓰는 표현과 친구들과의 대화에서 쓰는 표현이 서로 다르듯이요.

### 셋째, 내 경험과 연결하기

추상적인 표현을 내 구체적인 경험과 연결해서 풀어나갑니다. 그래야 진정성이 느껴집니다. 추상적이기만 한 내용은 재미가 없습니다.

이렇게 계속 연습했습니다. 처음에는 어미나 단어 정도만 변형하는 미미한 수준이었으나 점점 저 나름의 새로운 표현을 뽑아낼 수 있게 되었습니다. 지금 이렇게 책을 쓸 정도도 되었고요. 미국의 작가 T.S. 엘리엇은 "미숙한 시인은 모방하고, 성숙한 시인은 훔친다"라고 말했답니다. 좋은 '말소스'를 내 것으로 만드는 과정은 우리의 언어 능력을 향상시킬 뿐만 아니라 자신만의 독특한 목소리를 찾고 성숙한 언어 세계를 구축하는 여정입니다.

저는 이제 압니다. 한 줄의 빛나는 문장도 결국 연습의 결과라는 것을요. 좋은 표현을 많이 접하고, 내 방식대로 변형하고, 실제 언어 생활에 적용해보는 과정을 반복하면서 자연스럽게 저만의 표현력이 생긴 것 같습니다. 앞으로도 좋은 '말소스'를 계속 수집하고 다듬어갈 생각입니다. 누군가가 제 말을 듣고 "와, 정말 좋은 표현이다!"라고 말하게 되는 그날까지요.

## 메모와 요약:
## 아이디어를 붙잡아 정리하기

　머릿속에 있는 생각을 어떻게 하면 잘 정리할 수 있을까요? 복잡하고 혼란스러운 머릿속을 잘 정리해 내가 하고 싶은 이야기를 체계적으로 전달하는 것은 쉽지 않은 일입니다. 여기서 메모와 요약은 아주 중요한 역할을 합니다. 메모와 요약은 뒤죽박죽된 생각을 정제하고 구조화하는 과정입니다. 전달하고자 하는 내용을 명확히 하고, 논리적인 구조를 만들며, 핵심을 파악하는 데 도움을 줍니다. 메모와 요약을 생활화하면 더 조리 있고 설득력 있게 말할 수 있게 됩니다.

## 메모의 힘, '구조화'

메모의 진짜 힘은 생각을 '구조화'하는 데 있습니다. 머릿속에서는 복잡하게 얽혀 있던 정보들이 종이에 적히는 순간 저절로 체계를 갖추게 됩니다. 사실 말 잘하는 사람들에게는 이미 메모를 잘한다는 공통점이 있습니다. 요즘엔 유튜브에서 '보이는 라디오'를 볼 수 있습니다. 이때 저는 말 잘하는 진행자의 손에 집중하는데요. 그들은 항상 손에 메모지를 들고 있습니다. 많은 게스트들과 자연스럽게 대화하는 비결은 바로 그 작은 메모지 한 장에 있었던 겁니다.

메모는 단순히 무언가를 잊지 않기 위한 보조 수단을 넘어, 생각과 말을 정리정돈해주는 유용한 방법입니다. 뒤엉켜 있던 생각들이 문자로 옮겨지면서 마법처럼 질서를 찾아가는 순간은 사소한 일상에서도 쉽게 경험할 수 있습니다. 예를 들어 마트에 가더라도, 그냥 가지 말고 필요한 것들을 카테고리별로 정리해서 미리 적어 가면 어떨까요? 야채류, 육류, 생활용품, 간식… 이런 식으로 나누어 적어놓으면 마트에서 헤매는 시간을 줄이고 효율적으로 장을 볼 수 있을 겁니다.

메모는 일을 할 때에도 큰 힘을 발휘합니다. 당신은 한 회사의 중간관리자입니다. 회사 창립 기념 행사에 아무 생각 없이 참석했는데, 갑자기 중간관리자로서 연설을 해달라는 요청을 받았습니다. 준비 시간은 단 30분. 당황스럽습니다. 하지만 메모를 생활화한 당신이라면 다를 겁니다. 우선 메모장을 꺼내 들겠죠? 그리고 이렇게 생각할 것입니다. '일단 핵심 메시지 세 가지를 정하고, 각각 구체적인 사례를 들어야겠어.' 그리고 빠르게 다음과 같은 메모를 작성합니다.

### 회사의 성장

10년간 매출 300% 증가

직원 수 5배 증가

### 혁신의 중요성

신제품 개발 사례: AI 활용 서비스

업무 프로세스 개선: 재택근무 시스템

### 미래 비전

글로벌 시장 진출 계획

지속가능경영 전략

됐습니다. 오히려 시간이 10분 남아서 커피 한잔 마시고 올 시간도 있을 정도입니다. 무서울 게 없습니다. 메모를 바탕으로 이제 당신은 이렇게 연설을 시작합니다.

"존경하는 임직원 여러분, 오늘 우리 회사의 창립 기념일을 맞아 세 가지 중요한 메시지를 여러분과 나누고 싶습니다. 첫째, 우리의 놀라운 성장에 대해 이야기하겠습니다. 둘째, 이 성장을 가능케 한 혁신의 중요성에 대해 말씀드리겠습니다. 마지막으로, 우리의 밝은 미래에 대한 비전을 공유하고자 합니다."

행사장의 분위기를 장악한 것 같지 않나요? 메모와 요약의 기술을 활용함으로써 당신은 짧은 준비 시간에도 불구하고 구조적이고 설득력 있는 연설을 할 수 있게 된 것입니다.

또 다른 케이스입니다. 당신은 팀장으로서 신규 프로젝트를 맡게 되었습니다. 팀원들에게 새로운 프로젝트의 복잡한 내용을 설명해야 합니다. 당신은 생각합니다. '정보가 너무 많아서 팀원들이 혼란스러워할 것 같아. 어떻게 하면 핵심만 간단명료하게 전달할 수 있을까?' 다시 당신은 메모장을 듭니다. 마인드맵 형식으로 프로젝트의 내용을 다음과 같이 요약합니다.

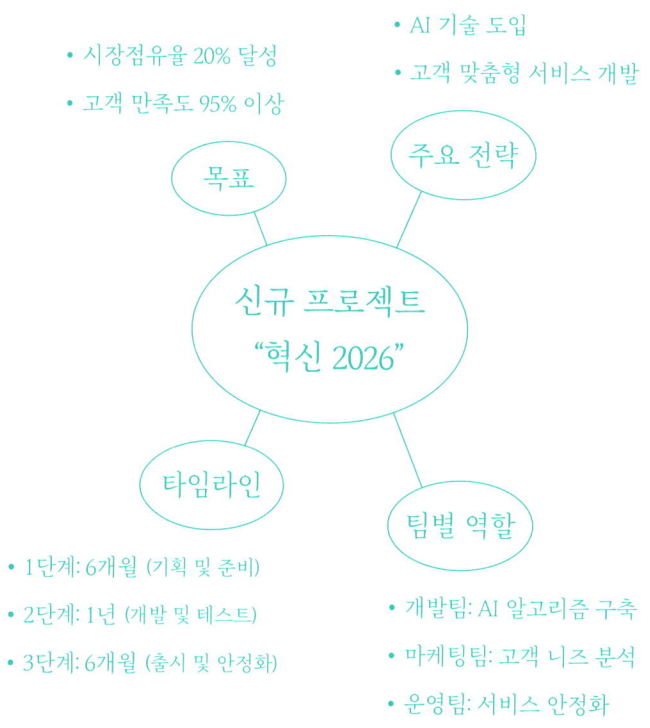

이제 팀원들 앞에서 말할 차례입니다.

"팀원 여러분, 오늘은 우리의 새로운 도전인 '혁신 2026'

프로젝트에 관해 설명하겠습니다. 이 프로젝트는 크게 네 가지 측면에서 이해할 수 있습니다. 목표, 주요 전략, 타임 라인, 그리고 팀별 역할입니다. 각 부분에 대해 차례대로 이야기하겠습니다."

마인드맵을 활용한 요약 기술을 통해, 당신은 복잡한 프로젝트 내용을 팀원들에게 체계적이고 이해하기 쉽게 전달할 수 있을 것입니다.


## 메모는 작지만 강력한 무기다

신기한 건, 메모하다 보면 미처 생각하지 못했던 아이디어가 불쑥 떠오를 때도 있다는 겁니다. 그냥 머릿속으로만 생각할 때는 인식하지 못했던 연결점들이 종이에 적으니까 보이는 거죠. 마치 퍼즐 조각들이 제자리를 찾아가는 것 같은 느낌입니다. 예를 들어, 영업팀 회의에서 '고객 응대 시간을 줄이는 방법'을 논의한다고 해봅시다. 처음에는 '더 빨리 처리하기' 같은 단순한 생각만 떠오를 겁니다. 하지만 메모하며 생각을 뻗어가다 보면 해결 방법을 '빨리 처리'와 '미리 예방'이라는 두 갈래로 나눌 수 있을 것입니다. '고객이 자주 묻는 질문(FAQ) 리뉴얼하기'라는 보다 구체적인 예방책도 함께 제안할 수 있게 되는 것이죠.

"명확하게 쓰지 못하는 사람은 명확하게 생각하지 못하는 사람이다." 영국의 작가 조지 오웰의 말입니다. 뒤죽박죽 섞여 있는 내 생각을 그대로 말하기 전, 잠시 멈추고 정리하는 시간을 가져보세요. 메모와 요약은 단순한 기록 이상의 의미가 있는, 무궁무진한 우리의 사유를 구조화하고 효과적으로 전달하는 작지만 강력한 무기라는 점을 잊지 않았으면 좋겠습니다.

## 자문자답하기 :
## '소크라테스 문답법'의 현대적 적용

저의 제안으로 시작된 프로젝트가 있었습니다. 현장에서 일어나는 일에 대해 수기로 작성한 내용을 내부 온라인 시스템에서 실시간으로 처리한다는 요지였습니다. 이와 관련해 회사로부터 프로젝트의 효과에 대해 발표해달라는 요청을 받았습니다.

처음에는 자신 있게 "네, 알겠습니다"라고 대답했는데, 막상 자료를 정리하려고 하니 막막했습니다. '분명히 효과가 있는 건 알겠는데, 이 프로젝트가 우리 회사에 구체적으로 왜 좋은 거지? 우리 회사의 다른 구성원들에게는 어떤 식으로 도움이 될까?' 이런 경험, 다들 있으시죠? 분명히 아는 것 같앉는데 막상 누군가에게 설명하려고 하면 "음, 그러니까…" 하면서 말문이 막히는 순간들 말입니다.

이럴 때 저는 고대 그리스 철학자 소크라테스에게 의지해봅니다. 내가 나 자신에게 질문해보는 것입니다. "왜 그럴까? 그 이유는?"이라고 자문자답을 하면서 스스로 현명한 결과를 도출해내는 것이죠. 이렇게 꼬리에 꼬리를 무는 질문을 던지면서 스스로 답을 찾아내도록 유도하는 방식을 '소크라테스 문답법'이라고 합니다.

## 질문하기 시작하면 비로소 보이는 것들

'소크라테스 문답법'이라는 이름이 뭔가 거창해 보이지만, 사실 간단합니다. 그냥 스스로 계속 "왜?"라고 물으면 됩니다. 저의 경우 이렇게 준비하면 되겠죠.

Q. 이 프로젝트를 왜 도입해야 하는가?
→ 업무의 효율성이 높아진다.

Q. 업무의 효율성이 높아지면 뭐가 좋은가?

→ 같은 시간에 더 많은 일을 할 수 있다.


Q. 더 많은 일을 하면 뭐가 좋은가?

→ 여유 시간이 생기고 야근도 줄어든다.


이렇게 계속 파고들다 보면 처음에는 막연했던 "내가 제안한 프로젝트는 좋다"라는 생각이 구체적인 근거들로 채워집니다. 그리고 한 가지 더 중요한 지점을 발견할 수 있습니다. "그런데 정말 이 프로젝트를 도입하면 야근이 줄어들까? 혹시 일만 더 많아지는 건 아닐까?"라는 의문이지요. 즉, 내가 맡은 프로젝트라고 해서 무작정 '좋다'라고만 말하기보다는, 예상되는 문제점도 솔직히 언급하여 객관적이고 균형 잡힌 시각을 보여줄 수 있는 겁니다. 소크라테스 문답법은 우리가 가진 지식과 믿음을 검증하고 더 깊이 있는 이해를 추구하는 동시에, 미처 생각하지 못했던 논리적 허점을 발견하는 데에도 도움을 줍니다. 결과적으로 우리는 더 명확하고 설득력 있는 말하기를 할 수 있게 됩니다.

## 진정한 성장은 '질문'에서 시작된다

소크라테스 문답법에 대해 좀 더 자세히 알아볼까요? 소크라테스는 '안다'는 것의 근거가 과연 확실한지에 대해 부단히 의문을 제기했습니다. 어떤 사람이 A라는 질문에 B라고 답하면 그는 B의 근거를 물었습니다. 상대방이 B의 근거는 C라고 말하면 그는 다시 C의 근거는 무엇이냐고 물었고, 상대방이 다시 C의 근거는 D라고 말하면 그는 또다시 D의 근거를 물었죠.

이런 식으로 끈질기게 질문을 이어가면 상대방은 어느 순간 논리적 혼란에 빠지게 마련입니다. 그는 결국 자신이 알고 있다고 믿는 것의 근거가 매우 빈약하다는 것을, 그리고 무언가를 분명히 안다는 것이 얼마나 어려운 일인지를 인정하지 않을 수 없게 됩니다. 혼란에 빠진 상대방에게 소크라테스는 이렇게 말합니다.

"나는 당신을 이기려고 질문을 던진 것이 아니오. 나는 다만 당신과 함께 문제를 깊이 검토함으로써 진실이 드러나게 하려던 것뿐이오."

소크라테스 같은 사람이 우리 주변에 있어야 할 텐데, 찾기 어렵겠죠? 마음 편하게 나 자신이 소크라테스가 되는 수밖에 없겠습니다. 어쩌면 소크라테스 문답법을 통해 스스로 자문자답해보는 것은 나의 언어 세계를 넓히는 최고의 간단한 방법이 아닐까, 생각합니다. 소크라테스 문답법은 타인과의 대화에도 적용할 수 있습니다. 단 유의해야 할 게 있습니다. 누군가와 대화할 때 함부로 소크라테스가 되려고 해선 안 됩니다. 너무 따지듯이 질문하면 상대방이 불편해할 수 있기 때문입니다. "왜? 왜? 왜?"만 연발하면 마치 심문하는 것 같으니까요. 좀 더 부드럽게 접근합시다.

"그런데 혹시…"
"만약에…"
"다른 관점에서 보면…"

이런 말로 시작한다면, 그리고 무엇보다 상대방을 공격하려는 목적이 아니라 함께 생각해보자는 취지로 질문하는 것이라는 마음가짐을 잊지 않는다면 소크라테스 문답법은 효과적인 대화 스킬이 될 수 있습니다.

저의 사례를 하나 더 소개합니다. 최근 한 선배와 정치 이야기를 하게 되었습니다. 정치, 참 이야기하기 민감한 주제입니다. 예전에는 상대방의 정치적 견해가 나와 다르면 "그건 아니죠"라며 바로 반박하곤 했습니다. 하지만 이제는 다릅니다. "그런 생각을 하시게 된 이유가 뭔가요?"라고 먼저 물어봤습니다. 그랬더니 선배도 방어적으로 대응하지 않고, 오히려 "네 생각은 어때?"라고 되물어보시더라고요. 서로 정치적 견해가 달라도 차분하고 평화롭게 대화할 수 있다는 것을 깨달았습니다.

저는 요즘 중요한 결정을 내리기 전에 항상 스스로 몇 가지 질문을 던집니다. "정말 이게 최선일까?", "다른 방법은 없을까?", "혹시 놓치고 있는 게 있을까?" 이러한 질문들은 저를 더 신중하게, 그리고 더 깊이 있게 생각하도록 이끌어주는 좋은 가이드가 됩니다. 물론 답이 바로 나오지 않을 때도 있습니다. 하지만 그것도 의미가 있다고 생각합니다. '모른다는 걸 안다'는 것 자체가 소크라테스가 말했던 지혜의 시작점이니까요. 그리고 그 모르는 부분을 채워나가는 과정에서 진짜 성장이 일어나는 것 같습니다.

나 자신에게 질문하는 능력은 빠르게 변화하는 현대 사

회에서 흔들리지 않고 튼튼한 내 주관을 갖는 데 가장 중요한 기술 중 하나입니다. 앞으로 중요한 생각이 떠오를 때마다 "왜?"라고 스스로에게 물어보세요. 소크라테스 문답법은 내 생각을 정리하고 말하기 역량을 높일 수 있는 가장 쉬우면서도 탁월한 방법입니다.

## 말하기 전 생각하기 :
## '3초 룰'의 효과

"아, 그 말 왜 했지?"라며 후회했던 경험, 다들 있으시죠? 저 역시 몇 년 전까지만 해도 그런 일이 자주 있었습니다. 특히 회의 중에 뭔가 기발한 아이디어가 떠오르면 바로 "아! 잠깐만요! 그런데요!"라는 말부터 튀어나갔거든요. 그런데 막상 설명하다 보면 '어? 이게 뭔 소리지?' 싶어서 중간에 말을 못 잇는 경우가 한두 번이 아니었습니다. 어느 날 한 교양프로그램에서 어떤 교수님이 말씀하시는 것에 눈길이 갔습니다. 그분은 어떤 질문이 나와도 잠깐 생각하는 시간을 가지신 다음에 차근차근 답변하시더라고요. 그래서인지 듣는 사람도 "아, 정말 그렇네"라며 고개를 더 끄덕이는 것 같았습니다.

저는 이것에 '3초 룰'이라는 이름을 붙여봤습니다. 말하기 전에 딱 3초만 생각하자는 것입니다. 먼저 회사에서 실험해봤습니다. 팀 회의에서였습니다. 팀장님이 "이번 프로젝트 일정은 다들 어떤가? 꽤 여유롭지?"라고 물어보셨는데, 평소 같았으면 바로 "아니요? 관련 부서 협조가 먼저 되어야 하는 거 아닌가요? 너무 빡빡한 일정인데요?"라고 대꾸했을 텐데, 이번에는 '의식적으로' 3초를 세어봤습니다.

1초: 정말 빡빡한가? 구체적으로 어떤 부분이?

2초: 대안은 뭐가 있을까?

3초: 어떻게 건설적으로 말할까?

그다음 이렇게 말했습니다. "도전적인 일정이긴 하지만 충분히 가능할 것 같습니다. 다만 3주 차에 개발과 테스트가 몰려 있어서, 이 부분을 조금 분산시키면 어떨까요?" 팀장님도 제 말에 동의하시는 듯했습니다. 그때 깨달았습니다. 3초의 차이가 이렇게 클 수 있구나.

## 한번 뱉은 말은 주워 담을 수 없다

요즘에는 말 한번 잘못해서 소위 '나락'을 가는 경우가 많습니다. 당신이 고객 서비스 담당자라고 가정해볼까요? 화가 난 고객의 전화를 받았습니다. 고객이 제품의 품질 문제로 강하게 항의합니다. "불량품을 팔고도 버젓이 영업하고 있다니 정말 어이가 없네요!" 평소 같았으면 바로 변명부터 했을 당신, 순간 욱해서 버럭 화내며 맞대응할 수도 있었을 당신, '3초 룰'을 적용한다면? 이렇게 생각해볼 수 있습니다.

1초: 고객의 감정 상태는?

2초: 이때 가장 중요한 것은?

3초: 어떻게 하면 고객을 안심시킬 수 있을까?

이제 당신은 이렇게 대응합니다.

"고객님, 불편을 겪게 해드려 정말 죄송합니다. 고객님의 불만 사항을 질 이해했습니다. 저희가 이 문제를 최우선으로 처리하도록 하겠습니다. 구체적인 상황을 설명해주시면, 가장 빠른 해결 방법을 찾아보겠습니다."

말하기 전에 의식적으로 '일시정지' 하고 내 생각을 가다듬는 습관을 들여야 합니다. 다소 어렵다면 '말하기 전에 천천히 심호흡하기'를 습관화하면 어떨까요. 3초만 깊이 호흡한다! 이것만 잘 습관화해도 좀 더 차분하게 말할 수 있습니다.

이스라엘 출신의 심리학자 대니얼 카너먼은 '빠르게 생각하기'와 '천천히 생각하기'라는 개념을 제시했습니다. '빠르게 생각하기'는 자동적으로 반응이 튀어나오는 것을, '천천히 생각하기'는 머리를 써서 차분하게 생각하는 것을 말하죠. '3초 룰'은 우리에게 이 중 '천천히 생각하기'의 기회를 제공함으로써, 더 나은 의사결정과 의사소통을 가능하게 합니다. 더 나은 의사소통은 더 깊은 이해로, 더 깊은 이해는 더 발전적인 관계로 이어집니다. 모든 게 단 3초의 생각에서 시작되는 것이죠. 이제 여러분의 대화에 '3초 룰'을 적용해보세요. 그 '3초 룰'이 가져올 변화를 직접 경험해보시기 바랍니다.

## 감정 어휘 확장하기 :
## 내면을 섬세하게 표현하기

"지금 기분이 어때요?" 이런 질문을 받으면 여러분은 보통 어떻게 대답하시나요? "좋아요", "나빠요", "그저 그래요"와 같은 단순한 표현에서 그치지는 않나요? 인간의 감정은 매우 복잡하고 다양한 반면, 이를 표현할 때 우리가 쓰는 어휘는 단조롭고 제한적입니다. 감정을 다양한 어휘로 표현하는 것은 단순히 말을 더 멋지게 하기 위한 것이 아닙니다. 우리의 내면을 보다 섬세하게 이해하고 언어화하는 깃입니다. 폭넓은 감정 어휘를 통해 우리는 자신의 감정을 더 정확하게 인식하고 표현할 수 있으며, 동시에 타인의 감정을 더 잘 이해하고 공감할 수 있습니다. 결과적으로 우리는 더 깊이 있고 의미 있는 대화를 나눌 수 있게 됩니다.


## "괜찮다"가 모든 것을 설명해주진 않는다

"요즘 어때?"

"괜찮아."


예전의 저는 제가 느끼는 거의 모든 감정을 "괜찮다", "그저 그렇다", "좋다", "안 좋다" 이 네 가지로만 표현하곤 했습니다. 그런데 어느 날, 문득 생각하니 이상하더라고요. 분명 마음속에는 복잡하고 미묘한 감정들이 있는데, 왜 항상 이런 뻔한 말만 나오는 걸까? 하고요. 드라마에 "마음이 시리다", "고요하다", "공허하다"와 같은 대사가 나오면 참 멋지다고 생각하면서, 왜 정작 저의 감정은 이토록 단순한 어휘로 깔아뭉개왔는지 생각하니 아쉬웠습니다. 제가 지금까지 얼마나 단조로운 언어로 살아왔는지 돌아보며, 의식적으로 감정 어휘를 늘려보기 시작했습니다.

그랬더니 신기한 일이 일어났습니다. 내가 느끼는 바를

더 다양한 어휘로 표현하니까, 다른 사람들과의 대화도 훨씬 깊어진 겁니다. 얼마 전에 친하게 지내는 후배가 프로젝트가 잘 안 풀려서 힘들어하더라고요. 걱정되는 마음에 "괜찮아?"라고 물었더니 "그냥 안 좋아요"라는 대답이 돌아왔습니다. 예전의 저를 보는 것 같았죠. 대충 "힘내!"라고 말하고 끝내려다가 이번에는 좀 더 구체적으로 물어봤습니다. "어떤 점이 안 좋은지 궁금하다. 답답한 거야, 아니면 불안한 거야?" 그랬더니 후배가 잠깐 생각하더니 "답답하기보다는 무력감이 들어요. 뭘 해도 안 될 것 같은 그런 느낌이요"라고 하더라고요.

　다시 물었습니다. "아, 무력감이 드는구나. 혼자서 모든 걸 해결해야 한다는 부담감도 있을 것 같은데?" 후배는 답했습니다. "맞아요! 바로 그거예요. 부담감이라는 말이 더 정확한 거 같아요. 얘기가 나왔으니 말인데, 선배, 제 프로젝트가 사실은…" 그날은 조금 힘들었습니다. 후배의 이야기 들어주는 데 두 시간이 훌쩍 지나가버렸으니까요. 하지만 그만큼 후배와의 관계가 조금 더 깊어진 느낌이 들었습니다. 어쨌거나 이렇게 감정을 구체적으로 나누다 보니, 후배도 자신의 상황을 더 명확히 파악할 수 있게 된 것 같았습니다. 저도 어떤 식으로 도움을 줄 수 있을지 더 잘 알게 됐고요.

직장에서만이 아닐 겁니다. 가족 간, 연인 간의 갈등 해결에도 감정 어휘의 적절한 사용은 도움이 됩니다. 3년째 연애 중인 두 사람이 있습니다. 최근 둘 사이에 작은 다툼이 있었고, 이는 순식간에 큰 갈등으로 번졌습니다. 이별을 생각할 정도로 분위기가 냉랭해졌습니다. 대화 자체가 끊긴 건 아니었으나 둘 다 대화가 계속 겉돈다고 느끼고 있었습니다. 이들은 관계의 재정비를 위해 대화를 통해 자신의 감정을 최대한 자세하고 솔직하게 털어놓기로 합니다.

남 : 요즘 우리 사이가 조금 소원해진 것 같아서 마음이 무거워. 내 감정을 정확히 표현하자면, 불안하고 당황스러워.

여 : 나도 그래. 솔직히 말하면 나는 요즘 좌절감과 외로움을 느꼈어. 하지만 여전히 우리 관계를 소중히 여기고 있고, 이 상황을 개선할 수 있다는 희망도 있어.

남 : 네 마음을 이렇게 듣고 나니 오히려 안심하게 되네. 나도 우리 관계에 대한 애정과 기대가 있어. 동시에 내가 뭔

가 부족했던 건 아닌지 자책감도 들어.

여 : 서로의 감정을 나누니 왠지 모르게 친밀감이 느껴지고 마음이 따뜻해져. 우리가 서로를 이해하려 노력하고 있다는 게 감사해.

어떤가요. 다양한 감정 어휘의 사용으로 훨씬 풍부한 대화가 이뤄졌습니다. 그렇다면 감정 어휘는 어떻게 확장시킬 수 있을까요? 다음의 방법들을 시도해보세요.

### 감정 단어 목록 만들기
감정을 나타내는 다양한 단어를 수집하고 그 의미와 용례를 정리합니다.

### 일기 쓰기
매일의 감정을 더욱 섬세하게 표현하는 연습을 합니다.

### 문학 작품 읽기
소설이나 시를 통해 일상에서 써보지 않았던 다양한 감정 표현을 접해봅니다.

### 영화·드라마 감상하기

등장인물의 감정을 분석하고 나만의 문장으로 표현해봅니다.

### 타인의 감정에 관심 갖기

주변 사람들이 느끼는 감정을 관찰한 후, 공감하고 이해하려 노력합니다.

감정 어휘가 풍부할수록 우리는 감정을 더 섬세하게 경험하고 표현할 수 있습니다. 사람의 감정은 무궁무진합니다. 그 무궁무진한 세계를 담는 언어의 그릇이 커질수록, 우리는 자기의 내면을 더 깊이 이해하는 것은 물론 타인과도 더욱 풍부하게 교감할 수 있게 될 것입니다.

## 비유하기:
## 추상적인 개념을 구체화하기

"사랑은 마치 장미와 같다"라는 표현, 한 번쯤 들어보셨을 겁니다. 추상적인 개념인 '사랑'을 구체적인 대상인 '장미'에 비유한 것입니다. 비유는 우리의 언어에 색깔을 입히고, 추상적이고 복잡한 아이디어를 쉽게 전달할 수 있게 해주는 강력한 기법입니다. 비유는 청중 또는 독자의 이해와 공감을 끌어내는 데 큰 도움이 됩니다. "인생은 여행이다"라는 문장으로 예를 들어볼까요. 처음 이 말을 든자마자 묘하게 고개가 끄덕여졌습니다. 왜일까요? 인생과 여행은 분명 다른 건데 말이에요.

하지만 이상하게도 이 비유를 접하는 순간, 심오하게만

느껴졌던 '인생'이라는 개념이 갑자기 구체적으로 와닿았습니다. 인생과 여행 모두 시작점과 목적지가 있습니다. 중간에 예상하지 못한 일들이 벌어지고, 때로는 길을 잃기도 하고, 아름다운 풍경을 만나기도 하죠. 이런 식으로 여행에 빗대어 생각하니까 막연하게 여겨졌던 '인생'이 뭔가 이해할 수 있는 것으로 변합니다. 최근 재미있게 본 드라마 「더 글로리」에서 복수를 바둑에 비유한 것 역시 인상 깊었습니다. '바둑처럼 한 수 한 수 신중하게 두고, 상대방의 다음 수를 예측하고, 긴 호흡으로 승부를 보는 것이 복수다.' 이런 비유 덕분에 복수할 마음을 다잡는 주인공의 심리가 한눈에 이해됐습니다.

비유는 그저 말을 예쁘게 만드는 장식품이 아닙니다. 모호한 개념을 구체적이고 친숙한 이미지로 변환함으로써, 듣는 상대방의 이해를 돕고 전달하고자 하는 메시지에 임팩트를 더하는 치트 키입니다.


## 메시지에 임팩트를 더하는 비유의 힘


오래전의 일이네요. '클라우드'라는 새로운 업무 시스템을 도입하게 됐는데, 낯설어서 그런지 구성원들이 이해하는데 힘들어하더라고요. 이와 관련해, 시스템을 도입한 담당자가 설명회를 열어 이 시스템에 대해 다음과 같이 쉽게 풀어서 설명했습니다.

"여러분, 지금까지 우리가 일하는 방식은 마치 각자 자기 방에서 혼자 작업하는 것과 같았어요. 파일이 필요하면 USB를 들고 다른 사람 방으로 가야 하고, 회의하려면 모든 자료를 복사해서 나눠줘야 했습니다. 정말 번거로웠죠? 클라우드 시스템은 큰 거실이 하나 생기는 것과 같습니다. 모든 자료가 그 거실에 있어서 누구나 필요할 때 가져다 쓸 수 있고, 실시간으로 함께 작업할 수도 있어요. 집에서든 카페에서든 어디서나 그 거실에 접속할 수 있고요. 자, 이제 기능 버튼 몇 개만 알고 있으면 됩니다. 자동차의 에어컨 버튼이나 비상 버튼처럼, 익혀두면 금방 활용하실 수 있을 겁니다."

분위기가 완전히 바뀌더라고요. "아, 그런 거구나!" 하면서 다들 이해하기 시작했습니다. 특히 나이 드신 부장님이

"그럼, 이제 USB 안 들고 다녀도 되는 거야?"라고 물으시는데, 담당자가 그 질문에 뿌듯해하더라고요. 자신의 설명이 구성원들에게 잘 전달되었음을 스스로 느껴서였을 겁니다. 그렇습니다. 일상에서 그리고 일터에서, 장황한 설명보다 한 줄의 비유가 훨씬 효과적인 경우가 많습니다.

당신이 한 회사의 CEO라고 해볼까요. 눈앞에 있는 전체 직원들에게 회사의 멋진 비전을 발표할 차례입니다. 어떻게 발표하시겠습니까? 복잡한 경영 전략을 어떻게 하면 모든 직원이 쉽게 이해하고 공감할 수 있게 전달할 수 있을까요? 이때 비유를 활용해보면 어떨까요?

"여러분, 우리 회사는 지금 거대한 바다를 항해하는 배와 같습니다. 우리가 마주한 시장은 때로는 잔잔하지만, 때로는 거친 파도가 몰아치는 바다입니다. 우리의 새로운 비전은 이 바다를 건너 새로운 대륙을 발견하는 것입니다. 우리 각자는 이 배의 선원입니다. 누군가는 방향을 제시하는 항해사이고, 누군가는 엔진을 가동하는 기관사이며, 또 누군가는 돛을 조종하죠. 각자의 역할이 모두 중요합니다. 앞으로의 3년은 폭풍우를 뚫고 나아가는 시기가 될 것입니다. 어려움도 있겠지만, 우리가 한마음으로 노를 젓는다면 반드시 새로운 기회의 땅에 도착할 수 있을 것입니다. 여러분, 이 위대한 항해에 함께 나서주시겠습니까?"


## 탁월한 비유를 위해 기억해야 할 것들

단, 비유를 효과적으로 하기 위해 주의해야 할 점들도 있습니다.

### 친숙한 대상 선택하기

청중이 쉽게 이해하고 공감할 수 있는 대상을 선택합니다.

### 핵심 메시지와의 연관성 확보하기

비유가 전달하고자 하는 핵심 메시지와 명확하게 연결되어야 합니다.

### 과도한 사용은 피하기

너무 많은 비유는 오히려 메시지를 모호하게 만들 수 있습니다.

### 문화적 맥락 고려하기

특정한 문화권에서만 통용되는 비유는 피하는 것이 좋습니다.

### 구체적이고 생생한 이미지 사용하기

너무 추상적인 개념보다는 구체적으로 떠올리기 쉬운 이미지에 빗대는 것이 좋습니다.

효과적인 비유는 우리의 사고를 넓히고 듣는 이를 이해시키는 근간이 됩니다. 직접적으로 전달하기 어려운 이야기가 있다면, 작은 비유를 적극 활용했으면 합니다. 우리의 말들이 상대방에게 더욱 생동감 있고 설득력 있게 다가갈 수 있도록요.

## 논리적 사고 훈련:
## 주장과 근거 연결하기

회사에서 처음 기획서를 발표했을 때의 일이 아직도 생생합니다. 30분 동안 열심히 설명했는데, 마지막에 부장님이 하신 말씀은 "그래서 결론이 뭐야?"였거든요. 그때 정말 당황스러웠습니다. 며칠을 밤새며 장표를 만들고 발표 연습도 열심히 했는데, 왜 전달이 제대로 안 된 걸까요? 그때의 제 발표를 녹음한 파일을 나중에 다시 들어보니 문제를 알겠더라고요. 저는 그냥 생각나는 대로 말했던 겁니다. "이것도 좋고, 저것도 좋고, 그리고 또 이런 것도 있고…" 마치 정리되지 않은 방 안에서 뭔가를 뒤지는 것 같은 느낌이었습니다.

며칠 뒤 선배가 유사한 주제로 기획안을 발표했는데, 저와는 완전히 달랐습니다. 선배의 발표는 대략 이렇게 시작했습니다.

"제가 오늘 말씀드리고 싶은 건 〇〇〇입니다. 그리고 이를 뒷받침하는 근거는 세 가지입니다. 첫째, 둘째, 셋째. 결국 저의 결론은 이렇습니다."

선배의 발표는 정말이지 귀에 쏙쏙 들어오더라고요. 그때 깨달았습니다. 말을 잘한다는 건 단지 목소리가 좋거나 말이 많은 것이 아니라, 생각을 논리적으로 정리해서 전달하는 것임을요.

"그래서 무슨 말을 하고 싶은 겁니까?"

회사 업무에만 논리력이 필요한 것이 아닙니다. 일상적인 대화에도, 소설과 같은 이야기 장르에도 어느 정도의 논리력은 필요합니다. 왜냐고요? 소설 속에서 일어나는 사건과 이로 인한 인물의 감정에 대해 독자가 수용할 만한 이유와 근거가 있어야 하니까요. 물론 이러한 논리력이 하루아침에 형성되는 건 아닙니다. 논리력을 키우려면 일상에서 자신의 말하기 패턴을 관찰하는 것부터 시작해야 합니다.

이렇게 말하는 저도 한때는 논리적 말하기가 부족했던 사람입니다. 어떻게 극복했냐고요? 일단 저의 말하기 패턴을 관찰했습니다. 정말 문제가 많았습니다. 예를 들어 좋아하는 책에 대해 친구와 이야기할 때도 "이 책 진짜 좋아!"라고만 표현합니다. 왜, 어떤 점이 좋았는지에 대한 설명은 없이 말입니다. 친구가 얼마나 답답했을까요? "아, 그래?" 하고 말 수밖에 없었을 테니까요. 이후로는 "이 소설, 일단 내 유년 시절을 보는 것 같았어. 주인공이 갈등을 겪으며 느끼는 감정이나 덤덤하게 하는 독백에 많이 공감하게 되더라고"와 같이 말하려고 합니다. 대화가 활기를 띠는 건 당연한 일이었습니다.

물론 모든 상황에서 논리력을 1순위에 두어야 한다는 건 아닙니다. 논리적으로 말하려다가 오히려 딱딱하고 재미없어진 적도 많았거든요. 한번은 동호회 모임의 생일파티에서도 "이 케이크가 맛있는 이유는 세 가지가 있어요. 첫 번째는…"이라고 말했다가 웃음거리가 됐습니다. "여기가 회의실이야?"라고 하더라고요. 그래서 깨달은 게, 논리적인 말하기도 상황에 맞게 펼치는 게 중요하다는 것이었습니다. 비즈니스 상황에서는 체계적이고 명확한 말하기가 요구된다면, 일상 대화에서는 보다 힘을 빼고 느슨하게 말할 수 있겠죠.

## 논리적 사고에는 힘이 있다

주장과 근거를 세워 논리적으로 생각하고 말하기. 이를 습관화했더니 신기한 변화들이 생겼습니다.

첫째, 다른 사람의 말을 들을 때 더 비판적으로 들을 수 있게 됐습니다. "이 사람이 지금 주장하는 게 뭐지? 근거는 뭐지?"를 자동으로 생각하게 되더라고요. 덕분에 가짜 뉴스나 과장 광고에 잘 속지 않게 됐습니다.

둘째, 보다 체계적인 의사결정을 할 수 있게 됐습니다. 예를 들어 아파트를 알아볼 때도 감만 믿고 정하는 게 아니라, 주변 교통, 가격, 상권 등을 체계적으로 비교해서 결정해야 후회하지 않겠죠. 개인적으로는 단순히 "이 아파트는 넓고 위치도 좋아요"라던 부동산 중개인보다, "언젠가 다시 팔 것을 생각하고 아파트를 고르세요"라던 중개인의 말이 기억납니다.

셋째, 사람들이 제 의견을 더 신뢰하게 되었습니다. 추상적인 느낌에만 기대는 게 아니라 구체적인 이유와 근거를 함께 제시하니까 제 주장에 설득력이 생긴 거죠.

물론 아직 완벽하지는 않습니다. 완벽하긴요, 무척 부족합니다. 감정적인 상황에서는 여전히 논리력을 잃을 때가 있고, 복잡한 문제에서는 제 논리를 정리하는 데 시간이 오래 걸리기도 합니다. 하지만 확실한 건, 논리적으로 생각하고 말하는 습관이 제 삶을 많이 바꿔놨다는 것입니다. 직장에서도, 일상생활에서도 훨씬 더 명확하고 효과적으로 소통할 수 있게 되었으니까요.

우리는 자기 생각을 말하면서도 요점과 그것을 뒷받침하는 근거를 명확히 연결하지 못하는 경우가 많습니다. 듣는 사람을 설득하고 내 의견을 효과적으로 전달하고자 한다면 '논리'를 잊지 말아야 합니다. 영국의 철학자 버트란드 러셀의 "논리적 사고 능력은 편견과 미신으로부터 우리를 자유롭게 한다"라는 말처럼, 논리적으로 생각하고 말하는 습관을 통해 불합리한 것들과 합리적인 것들을 면밀하게 가려낼 줄 아는 우리가 되기를 희망합니다.

## 표현하기 :
## 내 생각에 날개 달기

스티브 잡스는 세상을 떠났지만 그가 발표하는 모습은 여전히 전설로 남아 있습니다. 2007년, 첫 아이폰을 출시하며 그가 했던 발표가 저는 인상 깊었습니다. 그의 첫마디입니다.

"오늘, 애플이 전화를 재발명합니다."

단 한 문장으로 전 세계의 이목을 집중시키는 그의 힘이 대단합니다. 그냥 "최첨단 고성능의 완전히 새로운 스마트폰을 소개합니다!"라고 했다면? 뻔하고 지루했을 것 같습니다. 첫마디부터 말 그대로 '끝내버리는' 그의 능력은, 영혼을 팔아서까지는 아니더라도 큰돈을 주고 사고 싶습니다. 맛집 이야기에 적용해볼까요? "어제 간 식당 좋더라"가 아니라 "어제 내 인생을 뒤흔들 만한 맛집을 발견했어"라고 시작한다면 듣는 이의 관심을 확 끌 수 있지 않을까요? 물론 매번 이렇게 극적으로 시작할 필요는 없지만, 중요한 순간이라면 이렇게 임팩트 있는 첫 문장으로 말의 효과를 극대화할 수 있겠죠.

## '스토리텔링'과 '감정'의 마법

그런데 더 중요한 것이 있습니다. 화려한 첫 문장만이 다는 아니라는 것, 이야기를 끝까지 흥미롭게 끌고 가려면 '스토리텔링'이 있어야 한다는 것입니다. 예를 들어 친구에게 영화를 추천할 때를 생각해볼까요? "괜찮은 영화 하나 봤어. 추천해!" 친구가 과연 관심을 가질까요? 뒤돌이시면 잊어버릴 겁니다. 하지만 이렇게 말한다면 어떨까요?

"어제 신작 영화를 하나 봤는데, 처음 30분은 지루해서 졸

뻔했어. 그런데 중간부터 예상 못 한 반전이 계속 나오면서 마지막에는 소름이 돋더라고. 특히 주인공이 마지막에 하는 말이 며칠째 머리에서 안 떠나. 너도 한번 봐봐, 진짜 인생 영화야."

친구, 아마 그 자리에서 예매를 할지도 모릅니다. 이게 바로 스토리텔링의 힘입니다. 회사에서도 마찬가지입니다. 보고서를 발표할 때 "매출이 10% 증가했습니다"라고 하는 대신 이렇게 말한다면 어떨까요? "지난달 우리가 시작한 새로운 마케팅 전략, 처음 2주는 반응이 미미했습니다. 하지만 3주 차부터 서서히 변화가 보이기 시작했고, 결국 한 달 만에 매출 10% 증가라는 놀라운 결과를 얻었습니다." 임팩트가 다릅니다.

하나 더 추가할 것이 있습니다. 첫 문장에, 스토리텔링에, 또 뭘 하라는 건지 불평하실 수도 있겠습니다만 이왕 이야기하는 거 한 가지만 더 보자고요. 바로 '감정'을 담는 것입니다. 최근 젊은 친구들의 '퇴사 욕구'(?)가 상당합니다. 만약 한 후배가 저에게 퇴사에 관한 고민을 꺼낸다면? 예전 같았으면 "그래? 왜? 뭐가 힘들다는 거야?"라고 냉정하게 되물었을 겁니다. 하지만 요즘의 저는, 일단 참고 생각한 다음 이렇게 말하려고 합니다.

> "아, 정말 힘들겠구나. 나도 몇 년 전에 비슷한 고민 했던 적이 있어서 네 마음이 이해가 가. 그땐 정말 막막했거든. 매일 아침 출근길이 지옥 같았어."

이렇게 제 감정과 경험을 먼저 공유한다면 후배도 훨씬 더 마음을 열고 이야기하지 않을까요? 아버지와 대화할 때도 그렇습니다. "아버지, 건강검진 좀 받으시라니까요!"라고 짜증부터 내는 대신 "아버지, 솔직히 말씀드리면 요즘 아버지 건강이 정말 걱정돼요. 제가 잠도 제대로 못 잘 정도로요. 한 번만 검진 받아주시면 안 될까요?"라고 말하는 거죠. 이렇듯 감정을 담은 표현은 훨씬 강력한 설득력이 있습니다.

## 핵심은 '어떻게' 전달하느냐에 있다

이쯤에서 다시 처음으로 돌아와, 복잡한 머릿속을 정리

해서 말하는 법을 다시 한번 짚어봅니다. 머릿속에는 잘 정리된 생각이 있더라도 그것을 효과적으로 표현하는 데 어려움을 겪을 때가 많습니다. 전하고자 하는 메시지를 더 명확하게 전달하고, 청중의 관심과 이해를 높이며, 의도한 효과를 얻을 수 있도록 준비해야 합니다. 다음 세 가지는 필수입니다.

### 강력한 오프닝

"여러분, 우리 회사의 미래를 바꿀 수 있는 혁신적인 프로젝트를 소개하겠습니다."

### 구조화된 내용

"이 프로젝트의 세 가지 핵심 포인트는 비용 절감, 효율성 향상, 그리고 고객 만족도 증대입니다."

### 구체적인 예시 활용

"이 시스템을 도입한 A사의 경우, 생산성이 30% 향상되었습니다."

여기에 앞에서 이야기한 '스토리텔링'과 '감정'이라는

요소를 더한다면 더욱 좋겠습니다. 중요한 지점에서 청중에게 질문을 한다거나, 목소리 톤을 바꾼다거나 적절한 제스처 등의 비언어적 커뮤니케이션을 시도할 수도 있겠습니다. 또한 핵심 데이터를 이해하기 쉽게 시각화한 그래프 등 비주얼적인 자료도 첨가한다면 우리의 이야기는 상대방을 더욱 끌어당길 수 있을 것입니다.

미국의 시인이자 배우인 마야 안젤루의 말이랍니다. "사람들은 당신이 말한 내용을 잊어도, 당신이 어떻게 그들을 느끼게 했는지는 절대 잊지 않는다." 단순히 '어떤' 정보를 전달하느냐보다, 그 정보를 '어떻게' 전달하느냐가 상대방에게 강력한 영향력을 행사하는 도구가 될 수 있습니다. 효과적으로 표현하는 기술은 사람과 사람의 마음을 연결하는 다리가 될 수 있다는 것을 기억했으면 합니다.

# 4장

## 나다운 언어를 지키는 법

## 확장된 독서 :
## 다양한 책을 통한 지적 자극

몇 년 전까지만 해도 저는 전형적인 '자기계발서 편식 자'였습니다. 서점에 가면 늘 자기계발 코너만을 맴돌며, 성공한 CEO들의 자서전이나 효율적인 업무 방법에 관한 서적들만을 탐독했습니다. '이 책이 내 인생을 바꿔줄 거야'라는 기대감을 품고 말입니다. 그러나 어느 순간 느꼈습니다. 분명 100권이 넘는 책을 읽었음에도, 다른 사람과 대화할 때면 늘 비슷한 레퍼토리만 반복하고 있었습니다. "성공의 핵심은 노력이다", "긍정이 최고다". 자기계발서의 요약을 외운 것만 같은 천편일률적인 발언들이었습니다.

전환점은 독서 모임에서 찾아왔습니다. 한 선배가 유발

하라리의『사피엔스』를 소개하면서 "인류의 인지 혁명이 현재 우리가 경험하고 있는 디지털 혁명과 어떠한 구조적 유사성을 갖는지 숙고하면…"과 같이 말씀하시는 것을 듣고 깊은 감명을 받았습니다. 단순히 책의 내용을 나열하는 것이 아니라, 거기서 얻어낸 자신만의 통찰을 제시하시는 모습이 인상 깊었습니다. 그때 비로소 깨달았습니다. 독서의 진정한 목적은 '정보의 축적'이 아니라 '사유의 확장'에 있다는 진리를 말입니다.

## 프레젠테이션에 문학으로 생명을 불어넣다

이러한 각성 이후, 의식적으로 다양한 분야의 서적들을 탐독하기 시작했습니다. 처음에는 상당한 어려움이 따랐습니다. 철학서를 읽으면 '과연 무엇을 말하고자 하는 걸까?'라는 의문이 들었고, 문학 작품을 접하면 '이런 이야기들이 내 삶에 실용적인 가치가 있을까?'라는 회의가 생겼습니다. 하지만 몇 달 후, 놀라운 변화를 체험했습니다. 한 기업에서 특강을 진행하게 되었습니다. 평소 같았으면 "리더십의 유형에는 세 가지가 있는데…" 등의 기계적인 접근으로 강연을 시작했을 것입니다. 그런데 그날은 달랐습니다. 카뮈의 『시지프의 신화』에 나오는 이야기로 시작했습니다.

"여러분은 '시지프의 신화'에 대해 들어보신 적 있습니까? 영원히 바위를 산 정상으로 굴려 올려야 하는 그 비극적 운명 말입니다. 저는 이 자리에 계신 팀장님들이 지금까지 수행한 업무가 때로는 시지프의 그것과 유사했다고 생각합니다. 매번 같은 작업의 반복 속에서 큰 의미를 발견하지 못했던 순간들이 있었을 겁니다. 하지만 팀장님이 된 이상, 오늘 말씀드리고자 하는 프로젝트를 통해 새로운 것을 창출하시기를 기대합니다. 팀장님들의 업무가 단순한 반복에 머무르지 않고, 진정한 변화와 혁신을 창출할 수 있도록 도와드리겠습니다."

회의실의 분위기가 이전과는 달랐습니다. 모든 참석자가 집중하기 시작했고, 평소보다 훨씬 활발하고 심도 있는 토론이 이어졌습니다. 프레젠테이션 종료 후 저를 초빙했던 담당자께서 따로 물으시더군요. "정말 인상적이었습니다. 어떻게 그런 비유를 생각하셨어요?"라고요. 뿌듯했습니다. 그리고 확신했습니다. 다양한 분야의 독서가 의사소통에 미치는 영향이 실로 지대하다는 것을 말입니다.

그렇다고 해서 심오한 문학책이나 철학책만 읽어야 한다는 건 절대 아닙니다. 자기계발서의 효능은 여전히 유효합니다. 여전히 저는 한 달에 네 권 이상의 자기계발서를 구매할 정도니까요. 제 경우 동기부여에는 자기계발서가 그 무엇보다도 좋습니다. 단, 독서하는 분야가 하나로만 치우쳐 있다면 범위를 조금만 더 넓게 확장해보는 시도도 좋겠다는 것입니다.

## 값을 매길 수 없는 독서의 가치

돌이켜보면, 다양한 분야의 독서는 제 인생에서 가장 의미 있는 변화 중 하나였습니다. 지식의 양이 늘어난 것 외에도, 세계를 인식하는 관점 자체가 근본적으로 바뀌었습니다. 이전에는 문제에 직면했을 때 단일한 관점에서만 접근했다면, 이제는 다양한 각도에서 조망할 수 있게 되었습니다. 역사적 관점, 심리학적 관점, 철학적 관점 등 다양한 렌즈를 통해 상황을 분석할 수 있는 능력을 갖추게 된 것입니다.

무엇보다 대화가 훨씬 풍요로워졌습니다. 어떤 주제든 연관성을 찾아 심도 있게 논의할 수 있게 되면서 지루한 대화는 거의 사라졌습니다. 주변 사람들도 저와의 대화를 즐거워하게 되었고, "당신과 이야기하면 항상 새로운 것을 배우게 됩니다"라는 말을 자주 듣게 되었습니다. 솔직히 자랑하고 싶은 변화입니다. 물론 아직 부족한 부분이 많습니다. 읽어야 할 책들은 계속 쌓이고 있고, 아직 잘 모르는 개념들도 상당합니다. 하지만 그것들을 차차 알아가고 이해하는 과정 자체가 즐겁습니다. 매일 조금씩 성장하고 있다고 실감할 수 있기 때문입니다.

참고로 저의 경우 과학 분야의 서적들도 의사소통 능력 향상에 상당한 공헌을 했다고 느낍니다. 특히 통계 관련 책은 솔직히 억지로 읽은 면도 있습니다만, 막상 책을 읽고 나면 일상 대화에서도 다르게 접근할 수 있었습니다. 일례로 한 친구가 "요즘 젊은 애들은 참 예의가 없다"라고 단정적으로 말했을 때, 예전 같았으면 "그런 것 같다"라며 대강 동조했을 텐데 이번에는 이렇게 이야기할 수 있었죠.

"정말 그렇게 생각해? 혹시 우리가 '확증편향'에 빠진 것은 아닐까? 예의 없는 젊은이들의 행동만 기억에 남고, 예의 바른 젊은이들의 행동은 당연하다고 여겨 기억하지 못하는 것이지. 실제로 지하철에서 자리를 양보하거나 길을 알려주는 젊은 친구들, 꽤 자주 볼 수 있잖아?"

책을 통해 지적 자극을 얻었고, 그 지적 자극을 통해 저의 언어 능력도 조금씩 높여가고 있음을 생각하면 마음이 풍성해집니다. 특히 다양한 분야의 책을 능동적으로 탐독하며 지적 자극을 받는 '확장된 독서'는 더욱 그러합니다. 읽지 않는 사람은 쓸 수 없는 법입니다. 쓰지 않는 사람은 말할 수 없고요. 볼거리와 즐길거리가 넘쳐나는 시대에 등한시되곤 하지만, 시대가 바뀌어도 책만이 지니는 변하지 않는 가치가 있음을 기억해야 하겠습니다.

## 언제나 '안테나' 세우기 :
## 일상에서 지적 호기심 유지하기

평범한 지하철 출근길이었습니다. 이전 같았으면 스마트폰에만 시선을 고정하거나 무념무상으로 시간을 보냈겠지만, 요즘은 다릅니다. 그날도 마찬가지였습니다. 맞은편에 앉으신 한 어르신이 신문을 읽고 계셨는데, 매우 집중하신 모습이 인상적이더군요. 그런데 자세히 관찰하니, 신문을 거꾸로 들고 계시는 것이었습니다. 이상하지 않나요? 당연히 저도 이상했습니다. 처음에는 그저 '실수하신 걸까?'라고 생각했습니다.

커뮤니티에 제가 본 것을 올리려다가, 문득 검색을 먼저 해봤습니다. 흥미로운 사실을 발견했습니다. 텍스트를 거꾸로 읽는 행위가 뇌 활성화에 긍정적 영향을 미친다는 이야기였습니다. 평상시와 다른 방식으로 정보를 처리함으로써 뇌의 다양한 영역을 자극할 수 있다는 것이었습니다.

이런 흥미로운 이야기, 저만 알고 있을 순 없죠? 다음 날 점심시간에 동료들과 커피를 마시다가 제 경험담을 공유했습니다. 모두가 흥미를 보였습니다. 자연스럽게 뇌 건강, 치매 예방, 새로운 습관 형성 등의 주제로 담론이 확장되었습니다. 이를 통해 깨달았습니다. 일상의 미세한 관찰이 이토록 풍부한 대화의 소재가 될 수 있다는 사실을 말입니다.

## 변화는 작은 호기심에서 시작된다

우리 주변은 항상 새로운 것들로 가득합니다. 하지만 우리는 이러한 것들을 종종 그냥 지나치곤 합니다. 일상에서 지속 호기심을 유지하는 것, 마치 '안테나'를 세운 것처럼 주변의 사소한 것들에 관심을 가지는 태도는 언어 능력의 향상에 도움이 됩니다. 안테나를 세우면 그만큼 다양한 주제에 관한 정보를 접할 기회가 많아지고, 새로운 표현과 어휘를 습득할 수 있으며, 작은 경험을 흥미로운 대화 소재로 전환하기가 쉬워지기 때문입니다.

최근 저는 기업체 특강 등을 할 때 주변을 관찰하며 얻은 경험들을 사례로 활용하곤 합니다. 특히 카페는 다양한 인간 군상을 관찰할 수 있는 공간입니다. 어느 날 카페에 앉아 있는데 인접한 테이블의 연인이 시선을 끌었습니다. 남성은 스마트폰 게임에만 집중하고 있었습니다. 여성은 그 남성과 대화를 하고 싶어 했지만 적절한 반응을 얻지 못하고 있었고요. 흥미롭게도 여성이 음료를 다 마시고 자리를 정리할 때에야 남성이 핸드폰을 내려놓았습니다.

'이 사람들의 소통에서 나타나는 문제점은 뭘까? 이러한 상황에서는 어떠한 소통 방식이 효과적일까?'라는 의문이 생겨났습니다. 귀가 후 커뮤니케이션에 대해 검색하다가 '액티브 리스닝(Active Listening)'이라는 개념이 눈에 들어왔습니다. 상대방의 발언에 대해 적극적으로 경청하고 적절한 반응을 보이는 기술을 의미했습니다. 이렇게 얻은 지식은 며칠 후 한 회사의 커뮤니케이션 특강에서 유용하게 써먹을 수 있었습니다. 조직 내 커뮤니케이션 개선법에 대해 이야기할 때, "최근 카페에서 이런 상황을 보게 되었습니다"라고 운을 뗄며 액티브 리스닝의 중요성에 관해 설명한 것이죠. 액티브 리스닝이라는 개념을 일상 속 사례 없이 바로 소개했다면? 받아들이는 분들이 지루하셨을 겁니다.

## 지적 '안테나'로 넓어지는 나의 세계

이러한 방식으로 일상에서 지적 '안테나'를 활성화하니, 타인과 대화하는 양상이 근본적으로 바뀌었습니다. 이전의 "날씨가 좋습니다", "요즘 어떻게 지내십니까?" 같은 관례적 대화에서 벗어나, 어떤 상황에서든 흥미로운 담화 소재를 꺼낼 수 있게 되었습니다. 오며 가며 눈인사만 하던 분과 같은 엘리베이터를 타게 되었을 때도 마찬가지입니다. 이전 같았으면 침묵을 유지했겠지만, 이제는 자연스럽게 말을 붙일 수 있습니다. "이 건물에 새로 개업한 카페 가보셨나요? 인테리어가 독특하던데 말입니다. 알고 보니 재활용 소재를 활용한 가구들이더라고요." 물론 엘리베이터에 다른 분들이 안 계실 때 조용히 말을 겁니다.

'안테나를 세운다'라는 것은 별 의미 없어 보이던 평범한 순간들 속에서 의미를 발견하고, 그것을 타인과 공유하는 지적 태도입니다. 지하철에서 목격한 어르신, 카페의 연인, 새로 생긴 가게 등은 원래부터 존재했습니다. 다만 제가 관심을 기울이지 않았을 뿐입니다. 이러한 풍경들에 조금만 의식적으로 관심을 가진다면 일상은 이토록 풍부한 학습의 장이 될 수 있습니다. 작지만 의미 있는 발견들이 축적되어 제 세계관을 확장해주고, 더욱 심층적인 대화를 나눌 수 있게 해준다는 사실은 저에게 매우 흥미롭게 여겨졌습니다.

우리가 얼마나 풍부하고 다양한 사고를 하느냐가 우리의 언어 능력을 결정합니다. 오늘부터 '안테나'를 세우고 주변의 사소하지만 소중한 순간들에 더 관심을 가져보는 건 어떨까요? 그 작은 시도에서 시작된 풍부한 사고가 우리의 언어 세계를 더욱 흥미롭게 만들어줄 것입니다.

## 입력과 출력의 조화:
## 읽기와 쓰기의 균형 맞추기

습득한 지식의 양과 그것을 표현하는 능력 사이의 불균형은 우리가 직면한 보편적 딜레마라 할 수 있습니다. 저도 그랬습니다. 월평균 10여 권의 서적을 섭렵하며 자기계발서에서 문학 작품에 이르기까지 폭넓은 독서를 했음에도 불구하고, 정작 공적인 자리에서 심층적인 대화를 할 때는 표현의 한계를 여러 차례 경험했던 것이죠.

'왜 이렇게 된 걸까?' 고민이 많았습니다. 저 스스로 내린 진단에 따르면, 지식을 일방적으로 습득하는 데에만 치중하고 이를 능동적으로 재생산하는 과정은 간과하지 않았나 싶습니다. 독서를 통해 얻은 정보들이 제 언어 세계와는 유기적으로 결합하지 못한 채 기억의 저장소에만 머물러 있었던 것이죠.

책을 읽는다는 것, 좋은 일입니다. 하지만 읽는다는 건 지식의 강에 던져진 돌멩이와 같을 뿐입니다. 이를 글로, 또 말로 표현하며 체화하는 일종의 수련을 거쳐야 그 돌멩이가 강에 크고 넓은 파문을 일으킬 수 있게 되는 것입니다. '지식을 진정으로 내재화하는 법', 이것이 결국 문제였습니다.

## 내재된 지식을 효과적으로 표현하기

'아는 것'과 '표현하는 것'은 분명히 다릅니다. 많이 읽는다고 해서 반드시 말을 잘하는 것도 절대 아닙니다. 학생 시절, 교수님 중 학력은 말 그대로 '으리으리'한데 정작 강의력은 별로인 분 계시지 않았나요? 결국 언어 능력을 효과적으로 향상시키기 위해서는 입력(읽기)과 출력(쓰기)의 균형이 필요합니다.

읽기와 쓰기의 균형이 어떻게 우리의 말하기 능력을 높일 수 있을까요? '읽기'를 통해 우리는 새로운 지식, 어휘, 표현을 습득하는데, 이를 효과적으로 정리하고 내면화할 수 있는 방법이 바로 '쓰기'입니다. 이 두 가지가 조화롭게 이루어질 때, 자신의 생각을 더 풍부하고 정확한 언어로 표현할 수 있게 됩니다.

한 회사의 팀장이 있습니다. 그는 평소에 독서가 취미인 다독가이기도 합니다. 중요한 발표를 앞둔 그는 먼저 프레젠테이션 기술에 관한 책을 읽었습니다. 책을 읽으며 중요한 내용을 메모하고, 각 챕터가 끝날 때마다 주요 포인트를 자기의 말로 요약해보았습니다. 그리고 책에서 배운 것을 바탕으로 연습용 짧은 프레젠테이션 스크립트를 작성했습니다.

다음으로, 발표 분야와 관련된 최신 트렌드 기사들을 읽었습니다. 읽은 내용 중 프레젠테이션에 활용할 만한 정보들을 선별하여 자신의 언어로 재구성해 정리했습니다. 그렇게 준비한 내용을 바탕으로 프레젠테이션을 진행합니다. 어떻게 발표했을까요?

"오늘날 마케팅 환경은 그 어느 때보다 빠르게 변화하고 있습니다. 최근 한 연구에 따르면, 소비자의 68%가 브랜드의 사회적 가치를 중요하게 여긴다고 합니다. 이는 우리에게 필요한 마케팅 전략에 중요한 시사점을 제공합니다. 우리는 단순히 제품을 홍보하는 것을 넘어, 브랜드의 사회적 책임과 가치를 효과적으로 전달해야 합니다."

읽기와 쓰기를 병행하며 준비하니 보다 완성도 높은 발표를 할 수 있게 됐습니다. 자신감 있는 목소리 또한 그에 따라오는 선물과도 같을 것입니다.

고등학교를 졸업하고 막 대학에 입학한 학생이 있습니다. 대학에서는 고등학생 때보다 훨씬 많은 발표를 하게 되니 이 학생은 너무나 힘들었습니다. 특히 자기의 생각을 논리적으로 표현하는 게 특히 막막했습니다. 이를 극복하기 위해 그는 종이신문을 구독하기 시작했습니다. 구독료가 2만 원이 넘었지만 자신을 위해 과감히 투자하기로 한 것이죠. 매일 아침 신문을 읽으며 흥미로운 기사를 하나 선정했습니다(입력). 그리고 기사에 대한 자기의 생각을 300자 정도로 정리해 쓰는 연습을 했습니다(출력). 입력과 출력의 꾸준한 병행을 통해 생각을 구조화하고 논리적으로 표현하는 근육을 꾸준히 단련한 것이죠. 한두 달 후, 친구들과의 모임에서 AI에 관한 이야기가 나오자 그는 신문에서 읽은 기사에 관해 이야기를 꺼냅니다.

"최근 인공지능의 발달이 일자리에 미치는 영향에 관한 기사를 읽었어. 많은 사람이 AI가 일자리를 빼앗을 거라고 우려하지만, 내 생각에는 오히려 AI를 통해 새로운 형태의 일자리를 창출할 수 있어. 예를 들어 AI 시스템을 관리하고 보완하는 직종이 늘어날 수 있지. 또한 AI가 단순 반복적인 업무를 대체함으로써 우리는 더 창의적이고 인간 중심적인 일에 집중할 수 있게 될 거야. AI는 우리에게 어쩌면 기회일지도 몰라."

균형 있는 읽기와 쓰기를 통해 그는 다음과 같은 변화를 경험하게 되었습니다. 첫째, 독서하는 태도가 능동적으로 바뀌었습니다. 독서를 할 때 "이 개념을 어떻게 내 방식대로 이해하고 설명할 수 있을까?"와 같이 주체적으로 사고할 수 있게 되었습니다. 둘째, 논리적 사고 능력이 향상되었습니다. 자신이 이해한 바를 짜임새 있는 글로 정리하는 과정에서 자연스럽게 체계적으로 사고하는 습관이 형성되었습니다. 셋째, 어휘력이 늘어났습니다. 정확하고 다양한 표현을 추구하는 과정에서 표현할 수 있는 언어의 폭이 현저히 넓어졌습니다.

## 읽고 쓰며 찾는 소통의 즐거움

하나 더, 읽기와 쓰기 연습에서 꼭 알아두었으면 하는 게 있습니다. 바로 '낭독'의 중요성입니다. 특히 글쓰기의 경우 작성한 글을 소리 내어 읽어보는 습관을 통해 내가 쓴 문장이 자연스러운지 점검할 수 있습니다. 언뜻 보면 매끄러워 보이던 문장들이 막상 들으면 어색하게 들리는 경우가 빈번하기 때문입니다. 이러한 낭독 과정을 통해 우리는 '구어체와 문어체의 자연스러운 조화'라는 새로운 기준을 설정할 수도 있습니다. 글을 쓸 때 '말로 표현했을 때도 자연스러운가?'를 고려하게 되고, 결과적으로 실제로 말하는 과정에서도 더욱 자연스럽고 듣기 좋은 언어를 구사할 수 있게 될 것입니다.

이제 책을 읽거나 글을 쓸 때, 잠시 멈추고 생각하세요. '이 내용을 어떻게 나의 말로 표현할 수 있을까?', '이 글을 세 문장으로 요약한다면?', '이 주제에 대한 나의 의견은 무엇일까?' 이런 질문들을 통해 읽기와 쓰기를 말하기와 더욱 긴밀하게 연결할 수 있습니다. 물론 시간과 노력이 필요하겠지만, 꾸준히 실천한다면 나의 사고와 언어에 점차 자연스럽게 근육이 붙을 것입니다.

저는 이러한 노력이 결국 소통의 새로운 지평을 열 수 있다고 여깁니다. 꾸준한 연습을 통해 여러분이 '소통의 즐거움'이라는 큰 수확을 얻을 수 있기를 기대합니다. 자신이 보고 느낀 바를 타인과 나누며 새로운 관점을 발견할 때의 지적 희열과 상호적 만족감은 우리의 일상을 더욱 풍요롭게 만들 테니까요. 읽기와 쓰기를 골고루 실천해가며 더욱 깊이 있는 지적 소통을 이루는 여러분이 되기를 바랍니다.

## 정보 편식하지 않기 :
## 다양한 관점 접하기

"당신이 먹는 것이 곧 당신이다"라는 말이 있습니다. 여기서 '먹는 것'이란 음식뿐만 아니라 정보에도 적용됩니다. 우리는 자신의 견해와 일치하는 정보만을 선택적으로 받아들이는 '확증편향'에 자주 빠지곤 합니다. 이러한 정보의 편식은 우리의 시야를 좁히고, 결과적으로 소통하는 능력에도 부정적인 영향을 미칩니다. 다양한 관점을 접하는 것은 우리의 사고를 어느 한쪽에 가두지 않고 확장시키며, 더 풍부하고 균형 잡힌 대화를 가능하게 합니다. 그리고 다양한 가치관을 지닌 사람들과 원만히 소통하는 능력을 키워줍니다. 예상치 못한 반론에 대처하는 능력도 포함해서 말입니다.

## 편견은 미성숙한 대화를 만든다

진정으로 어른다운 언어와 원활한 소통을 원한다면, 먼저 우리가 얼마나 편향된 정보에 갇혀 있는지 깨달아야 합니다. 포털 사이트에서 자신의 생각과 일치하는 기사만 선별적으로 클릭하고, 유튜브 알고리즘이 추천하는 비슷한 성향의 콘텐츠만 소비하는 것은 우리의 언어를 제한시키는 주범입니다.

부동산 정책을 둘러싼 친구들과의 토론에서 이런 현실이 적나라하게 드러납니다. '규제를 더 강화해야 한다'라는 입장만을 고수하던 상황에서 친구가 제시한 '이미 강화된 규제 때문에 젊은 사람들이 집을 사기 더 어려워졌다'라는 주장과 통계 자료를 접하는 순간, 자신이 얼마나 한쪽 면만 보고 있었는지 깨닫게 되니까요. 의도적으로 다양한 관점의 정보를 접하는 습관을 지녀야 하는 이유입니다.

이렇게 한쪽으로 치우치지 않고 다양한 측면의 정보를 추구하는 태도가 언어에 미치는 영향은 즉각적입니다. "최근 부동산 시장 어떻게 보세요?"라는 질문에 예전처럼 "당연히 오르겠죠"라고 단정적으로 답하는 대신, "상승 요인도 있지만 불안 요소도 많아서 지금은 섣불리 예측하기 어렵습니다. 전문가들도 의견이 엇갈리더군요"라고 말하면 보다 성숙한 어른의 언어가 됩니다. 확신보다는 겸손함을, 단정보다는 유연함을, 독단보다는 균형감을 드러내는 표현 방식입니다.

## 균형 잡힌 관점이 만드는 '어른의 언어'

요즘 재택근무를 계속할지 말지를 두고 회사원들 사이에 갈등이 많다고 합니다. 팬데믹 시대를 거치면서 재택근무에 익숙해진 젊은 회사원들은 재택근무 확대를 원하지만, 10년 이상 된 구성원들, 특히 리더들은 기존의 체제를 선호하기 때문입니다. 당신이 결정권자라면 이런 상황에서 어떻게 말하겠습니까? 우선 양측의 입장을 모두 경청해야 할 것입니다. 젊은 사원들과 경력직들을 따로 만나 그들의 솔직한 의견을 각각 들어보는 것이죠. 가능하면 다른 기업들의 재택근무 현황과 그로 인한 성과를 찾아보는 것도 좋겠습니다. 그 과정에서 재택근무의 장단점, 세대 간 일하는 방식의 차이, 회사의 업무 특성 등 다양한 측면을 고려하면 좋겠죠.

이제 말할 준비가 되었습니다.

"우리 팀에서 재택근무에 대한 의견이 서로 다르다는 것을 알게 되었습니다. 주니어 사원들은 재택근무가 업무 효율성과 삶의 질을 높인다고 생각하는 반면, 과장급 이상의 구성원분들은 팀워크와 의사소통에 문제가 생길 수 있다고 우려합니다. 두 의견 모두 타당한 근거를 지니고 있습니다. 찾아보니 실제로 글로벌 기업 A사의 경우, 재택근무 도입 후 직원 만족도는 올랐으나, 협업에는 어려움을 겪었다고 합니다. 한편 B사는 재택근무를 제한적으로 도입한 유연근무제를 통해 오히려 생산성 향상을 이뤘답니다. 그러므로, 우리는 완전한 재택근무보다는 주 2~3일 재택근무를 하고 나머지는 출근하는 '하이브리드 모델'을 시범적으로 운영하는 건 어떨까요? 이를 통해 양측의 장점을 모두 취할 수 있을 것 같습니다."

어른의 언어답죠?

사실 '어른다운 언어'의 진정한 시험대는 정치적 성향이 다른 사람과의 대화입니다. 예전처럼 "그게 말이 돼?", "너는 너무 편향적이야"라고 감정적으로 반응하는 것은 미성숙한 언어의 전형입니다. 다양한 관점을 접한 후에는 정치적 성향이 달라도 나름의 이유와 논리가 있다는 것을 인정할 수 있게 됩니다. 예컨대 최저임금 인상을 반대하는 상대방과의 대화에서 이런 성숙함이 나타날 수 있습니다.

> "최저임금 인상이 소상공인들에게는 부담이 될 수 있다는 우려도 이해합니다. 실제로 일부 연구에서는 최저임금 인상으로 인해 고용 감소가 나타났다고 설명했더군요. 다만 저는 노동자의 생활임금 보장도 그만큼 중요하다고 생각해서, 인상의 정도를 조절하거나 소상공인 지원 정책을 함께 시행하는 방향은 어떨까 싶습니다."

이렇게 말한다면 반대하는 상대방도 "그런 방식이라면 생각할 만하겠네"라고 반응하지 않을까요? 서로 다른 입장이었지만 건설적인 대화가 가능했던 것은 상대방의 관점을 먼저 인정하고 존중하는 성숙한 언어를 구사했기 때문입니다. 미국의 대법관 루스 베이더 긴즈버그는 이렇게 말했습니다. "나는 내가 동의하지 않는 사람들로부터 가장 많은 것을 배웠다.” 다양한 관점을 접하는 것이 우리의 성장과 발전에 얼마나 중요한지를 잘 보여주는 말입니다.

　‘정보 편식하지 않기’는 사고를 한쪽으로 치우치지 않게 확장시키고 보다 폭넓은 소통을 가능하게 해주는 중요한 요소입니다. 오늘부터 평소에 접하지 않았던 새로운 관점의 정보를 의식적으로 찾아보는 건 어떨까요? 다양한 시각을 접하는 것은 지적 성장과 소통 능력 향상의 또 다른 기회입니다.

## 경청하기 :
## '잘 듣는 태도'를 잊지 않기

소통의 본질에 대해 깊이 성찰할 기회는 때로 예기치 못한 순간에 찾아옵니다. 부끄럽게도 최근의 일입니다. 제가 맡은 업무에 관해 구성원들과 이야기를 나누던 중, 누군가가 저의 의견에 의문을 제기했습니다. "제가 알기로는 그게 아니고..." 괜히 화가 나서 그의 말을 자르고 이렇게 말했습니다. "잠깐만, 아니에요. 규정 다시 한번 찾아보세요." 며칠이 지난 뒤 저에게 그 구성원이 조심스럽게 이런 말을 건넸습니다. 그 말이 저에겐 충격이었습니다.

"지난번에 저에게 조언해주셔서 정말 감사합니다. 그런데 죄송합니다만, 앞으로 제가 하고 싶은 말을 끝까지 들어주실 수 있을까요?"

나름대로 소통과 관련해 기업체 특강도 진행하고 책도 썼던 저에게, 이 한마디는 그동안 제가 실천해온 소통 방식에 대한 근본적인 반성을 불러일으켰습니다. 선의라고 생각해서 했던 조언과 지도가 오히려 상대방에게 부담과 스트레스를 주고 있었다는 사실을 이제야 비로소 깨닫게 된 것입니다.

그동안의 제 대화 패턴을 돌이켜봤습니다. 후배가 "요즘 업무가 어려워서요"라고 운을 때면, 후배의 이야기가 다 끝나기도 전에 "아, 그건 이렇게 하면 됩니다. 제가 신입사원 때는…"이라며 곧장 해결책을 제시하는 데에 몰두하곤 했습니다. 상대방의 말을 경청하지 못하고, 이다음에 내가 할 말을 준비하는 시간으로 상대방의 발화 시간을 활용하고 있었던 것입니다. 소통의 가장 기본 전제조건인 '상호적 이해'를 간과한 채 일방적인 전달에만 치중했던 미성숙한 태도였습니다. 크게 반성합니다.

## 진실된 이해와 공감의 힘

듣는 것이 힘들더라도 의식적으로 변화를 시도해야 합니다. 누군가와 대화할 때, 상대방이 말을 완전히 마칠 때까지 기다렸다가 반응하는 것을 원칙으로 삼아봅시다. 회사에서 후배와 대화를 나눈다고 해보죠. 후배가 클라이언트 대응의 어려움에 대해 자세히 털어놓습니다. 어떻게 해야 할까요? 네, 간단합니다. 끝까지 듣습니다. 그리고 다음과 같이 반응하면 됩니다.

"A사 담당자 때문에 많이 힘들었겠네? 요구사항이 계속 바뀌어서 정말 당황스러웠을 것 같은데, 어떤 요구사항이 가장 어려웠어?"

이는 즉각적인 해결책 제시보다는 상대방의 상황과 감정에 대한 이해와 공감에 초점을 둔 반응입니다. 후배는 이러한 당신의 말에 비로소 마음을 열고 솔직하고 구체적인 이야기를 할 수 있을 것입니다.

저는 요즘 되새기곤 합니다. 대다수의 사람이 가장 먼저 원하는 것은 조언보다는 진정한 이해와 공감이라는 점을요. 그리고 꼭 명쾌한 해결책이 아니더라도, 적절한 경청이 이루어질 때 상대방은 스스로 문제 해결의 실마리를 찾아가는 능력을 발휘하기도 한다는 것이었습니다.


## 경청이 불평을 이긴다


고객 응대 상황에서도 마찬가지입니다. 현실적인 해결책부터 제시하자는 기존의 접근에서 벗어나 고객의 감정과 상황을 우선하는 자세를 먼저 취하는 것입니다. 불만을 제기하는 고객에게 "정말 죄송합니다. 일주일이나 기다리셨는데 배송이 안 되었다니, 얼마나 답답하셨을까요. 어떤 상황이었는지 좀 더 자세히 알려주실 수 있을까요?"라고 반응하며 충분한 경청의 시간을 가져야 합니다. 애초에 말이 안 통하는 '진상' 고객이 아니라면야, 고객으로부터 이런 반응도 기대할 만합니다. "이렇게 진심으로 들어주시니까 기분이 좀 나아지네요. 다음에도 믿고 주문할게요."

그리스 철학자 에픽테토스의 말, "우리에게 두 개의 귀와 하나의 입이 있는 것은 더 많이 듣고 더 적게 말하라는 자연의 가르침이다"는 우리에게 경청의 중요성을 강조합니다. 소통의 진짜 고수는 말을 '잘하는' 사람이 아니라 잘 '들어주는' 사람입니다. 그리고 잘 들어주는 사람이 결국에는 말도 잘하게 됩니다.

말하기의 반은 듣기여야 합니다. 우리는 종종 말하기 능력을 키운다면서 '어떻게 말할 것인가'에만 집중합니다. 하지만 진정한 의사소통의 핵심은 '잘 듣는 것'에 있습니다. 사람들이 당신과의 대화를 즐거워하게 되고, "당신과 이야기하면 마음이 편해진다"라는 평가도 듣길 바란다면, 일단 잘 들어주세요. 잘 들어주기만 해도 잘 말하는 사람으로 인정받을 수 있을 테니까요.

## 토론의 기술:
## 건설적인 대화를 이끌어내는 방법

수준 높은 소통 형태인 '토론'에 대해 올바르게 이해하기란 쉽지 않습니다. 과거 '토론'과 '논쟁'을 명확히 구별하지 못했던 시절, 의견에 반박하는 것은 곧 개인에 대한 공격으로 인식되었고, 모든 대화는 '승자와 패자'를 가리는 경쟁의 장처럼 여겨졌습니다.

예컨대 다음과 같은 모습은 미성숙한 토론 문화를 보여줍니다. 신규 프로젝트의 방향을 결정하는 회의의 장면입니다. A 방식을 선호하는 사람이 동료가 제시한 B 방식에 대해 "그건 현실성이 없습니다. 제 방식이 훨씬 효율적입니다"라고 단정적으로 반박합니다. 이는 상대방의 견해를 충분히 경청하지 않은 성급한 판단에 해당합니다. 이 경우 남는 건 건설적 논의의 차단과 감정적 대립뿐일 겁니다.


## 토론은 이기기 위한 것이 아니다


토론은 적대적인 경쟁이 아니라 협력하며 최선의 답을 찾아가는 과정입니다. 그렇다면 동료의 제안에 대해 우리가 택해야 할 건 즉각적인 반박이 아닌 다음과 같은 대응일 것입니다.


"흥미로운 관점이네요. 좀 더 자세히 설명할 수 있을까요? 특히 어떤 부분에서 장점이 있다고 생각하시는지 궁금합니다."


단순히 반박하는 것과는 완전히 다른 접근법이죠? 이로 인해 동료는 자신의 제안에 대해 더욱 상세하고 체계적으로 설명할 것입니다. 이를 통해 미처 고려하지 못했던 통찰력 있는 관점들을 발견할 수 있을 것이고, 이런 질문을 덧붙일 수도 있을 겁니다.

"말씀하신 내용 중에서 특히 ○○ 부분은 정말 좋은 아이디어 같습니다. 다만 △△ 부분에서는 제가 이런 점이 우려되는데, 이 부분은 어떻게 해결할 수 있을까요?"

이제야 토론답습니다.

## 토론의 본질적인 가치

우리는 종종 토론을 '논쟁'이나 '싸움'으로 오해하곤 하지만, 토론은 서로의 의견을 교환하며 더 나은 결론에 도달하기 위한 과정이자 기회입니다. 논리적 사고력, 효과적인 의사 전달 능력, 그리고 다양한 관점을 고려하는 능력을 키워주는 기회 말입니다.

예를 들어봅니다. 서울의 한 고등학교 학생회 회장인 A는 학교 축제의 주제를 정하는 회의를 주재해야 했습니다. '전통문화 체험'과 '미래 기술 체험'이라는 두 가지 안이 제시

되었고, 의견이 팽팽하게 갈렸습니다. 그는 학생회 간부들을
모아 토론을 진행합니다.

A : 멋진 축제를 만들고 싶은 마음은 모두가 같습니다. 각
자의 의견을 존중하면서 최선의 결정을 내리도록 해요. 먼
저 각 안의 장단점을 정리해볼까요?

B(전통문화 체험을 주장하는 학생) : 우리의 뿌리를 알아가는
것이 중요해요. 사실 요즘 많은 학생들이 전통문화의 가치
를 잘 모르는 것 같아 안타까워요.

A : 네, 우리의 정체성과 전통문화에 대한 교육적 가치를
고려한 의견이네요. 반대 의견은 어떤가요?

C(미래 기술 체험을 주장하는 학생) : 하지만 우리는 미래를
준비해야 해요. 4차 산업혁명 시대에 발맞춰 최신 기술을
체험하는 것도 중요하지 않을까요?

A : 네, 시대의 흐름을 고려한 의견이에요. 두 의견 모두 타

당한 것 같아요. 어떻게 하면 축제에 두 가지 모두를 반영할 수 있을까요?

D(다른 학생) : 전통과 미래를 접목하는 것은 어떤가요? 예를 들어, VR 기술을 이용해 전통문화를 체험하거나, 전통 공예품을 3D 프린팅으로 만들어보는 등의 활동을 할 수 있을 것 같아요.

A : 좋은 제안이네요! 그렇게 하면 두 가지 의견을 모두 반영하면서도 독특한 축제를 만들 수 있겠어요. 여러분의 생각은 어떤가요?

우리는 이렇게 토론을 통해 상반된 두 의견을 절충한 최선의 결과에 다다를 수 있게 됩니다. 토론은 '진리의 어머니'입니다. 집단의 지혜를 통해 개인의 제한된 관점으로는 도달할 수 없었던 부분을 통찰하고 해결책을 발견하는 과정 자체가 지적 성장이며, 이것이 바로 토론의 본질적 가치입니다. 물론 토론을 하다 보면 감정을 완전히 통제하지 못하는 순간들이 생깁니다. 하지만 이러한 미숙한 점까지 서로 이해하고 보완해간다면, 토론은 혼자 다다를 수 없는 지적 목표를 다 함께 이뤄내는 소중한 여정이 될 수 있습니다.

앞에서도 소개한 미국의 대법관 루스 베이더 긴즈버그는 "서로 동의하지 않더라도 상대방을 적으로 만들지 말라"라고 말했습니다. 우리의 토론이 지향해야 하는 바를 잘 보여주는 말입니다. 맞습니다. 누군가와의 토론은 반드시 '윈윈(WIN-WIN)'이어야만 합니다. 건설적인 토론에는 갈등 상황조차도 협력 관계로 전환하는 힘이 있다는 사실을 기억하시기 바랍니다.

## 디지털 디톡스:
## 온라인 세계에서 벗어나 나 자신과 대화하기

여러분이 스마트폰 없이 온전한 하루를 보낸 건 언제가 마지막인가요? 이 질문에 쉽게 답할 수 있는 사람이 얼마나 될까요? 현대인은 디지털 기기와 온라인 세계에 깊이 연결되어 있습니다. 이는 편리함과 즐거움을 제공하지만, 동시에 우리 내면의 목소리를 듣지 못하게 만들기도 합니다.

'디지털 디톡스', 즉 의도적으로 디지털 기기와 온라인 세계에서 벗어나 자신과 대화하는 시간을 갖는 것은 언어 능력 향상에 중요한 역할을 합니다. 디지털 디톡스는 온전히 내 힘으로 깊이 있는 사고를 할 시간을 제공하고, 자신의 진정한 생각과 감정을 파악할 수 있게 해줍니다. 또한 온라인 세계의 일시적이고 피상적인 소통에서 벗어나 더 깊고 의미 있는 대화를 나누는 능력을 키워줍니다.

물론 불편할 겁니다. 스마트폰 없이 10분, 아니 10초도 견디기 힘든 세상이니 말입니다. 하지만 온라인 세계에 갇혀 등한시해왔던 대면 소통의 중요성을 잊어버리지 않기 위해서라도, 디지털 디톡스는 한 번쯤 시도해볼 필요가 있습니다. 42세 회사원이자 두 아이의 엄마인 이미경 씨의 사례를 통해 알아보겠습니다.


## 침묵의 식탁에서 시작된 프로젝트


이미경 씨는 최근 몇 달 사이 유튜브 쇼츠의 매력에 푹 빠졌습니다. 처음에는 쉬는 시간에 잠깐 가볍게 보기 시작했던 것이 어느새 하루에 몇 시간씩 볼 정도가 되었습니다. 출근길 지하철에서, 점심시간에, 퇴근 후 집에서까지 틈만 나면 스마트폰을 들여다보았습니다. 사실 미경 씨는 책 읽기를 좋아했던 사람입니다. 예전에는 책을 한 달에 3~4권 정도 읽곤 했죠. 하지만 요즘에는 쇼츠를 보느라 한 달에 한 권도 제대로 못 읽고 있습니다.

그런 미경 씨에게 변화의 결정적인 계기가 찾아옵니다. 평범한 저녁 식사 시간이었습니다. 미경 씨는 평소와 다름없이 스마트폰으로 유튜브 쇼츠를 보고 있었고, 남편은 온라인 뉴스를 확인하고 있었으며, 고등학생인 큰딸, 중학생 아들도 각자 스마트폰으로 메신저나 게임을 하느라 정신이 없었습니다.

"문득 고개를 들어 우리 가족의 모습을 바라보게 됐어요. 한 상에 둘러앉아 식사하고 있지만, 누구도 말하지 않고 각자 스마트폰 화면만 들여다보고 있는 거예요. 몸만 같은 공간에 있을 뿐, 정신은 완전히 서로 다른 세계에 가 있는 것 같았어요."

미경 씨는 그 순간 큰 충격을 받았습니다. 언제부터인가 가족 간의 대화가 사라졌고, 서로의 일상과 관심사에 대해서도 무관심해졌다는 것을 깨달았습니다. 가족이지만 점점 남처럼 느껴지는 현실이 두렵기도 했습니다.

다음 날, 미경 씨는 가족들에게 특별한 제안을 했습니

다. 저녁 식사 시간, 그리고 오후 9시부터 취침 전까지는 스마트폰을 사용하지 않는 '디지털 디톡스 프로젝트'를 해보자는 것이었습니다.

"우리가 얼마나 서로에 대해 모르고 있는지 깨달았어요. 일주일만 해보자고 했어요. 저녁 식사 시간에는 스마트폰을 내려놓고 서로를 마주보며 이야기를 나누는 거예요. 어떤 주제든 좋으니까, 학교와 직장에서 있었던 일, 친구들과의 관계, 앞으로의 꿈 등 무엇이든 얘기를 하자고 했습니다."

반응, 너무나 쉽게 그려지실 겁니다. 예상대로 자녀들의 반발이 있었습니다. 큰딸은 "과제 때문에 저녁에도 친구들이랑 연락해야 하는데, 어떻게 스마트폰을 안 써?"라고 항의했고, 작은아들도 "요즘 누가 그런 식으로 살아요?"라며 불만을 표했습니다. 남편도 말은 안 했지만 '갑자기 왜?'라는 표정이었습니다.

하지만 미경 씨는 포기하지 않았습니다. "딱 일주일만 해보자. 우리 가족이 다시 예전처럼 소통할 수 있는지 확인하고 싶어. 만약 정말 효과가 없다면 그만두는 거야. 그러니 딱 일주일만 엄마를 도와줘"라며 설득했습니다. 결국 미경 씨 가족은 일주일간의 디지털 디톡스 프로젝트를 시작합니다.

## 디지털 디톡스가 가져다준 것들

프로젝트를 시작한 첫날부터 미경 씨는 놀라운 변화를 경험했습니다. 평소 스마트폰으로 유튜브 쇼츠를 보던 시간에 갑자기 할 일이 없어진 것입니다. 처음에는 손이 자꾸 무의식적으로 스마트폰을 찾았지만, 익숙해지니 점차 다른 활동에 관심을 두게 되었습니다.

"셋째 날부터 책장에 꽂혀 있던 소설을 꺼내 읽기 시작했어요. 몇 달 만에 읽는 책이었는데, 예전처럼 집중해서 읽을 수 있더라고요. 스마트폰을 보지 않으니 머릿속이 맑아지는 느낌이었어요."

특히 오후 9시 이후가 완전히 달라졌습니다. 평소에는

스마트폰을 들여다보거나 TV를 멍하니 시청하며 시간을 보내곤 했는데, 이제는 책을 읽거나 일기를 쓰는 시간으로 활용하게 되었습니다.

"저녁 시간이 이렇게 소중한 시간인지 몰랐어요. 하루를 마무리하고 내 생각을 정리할 수 있는 황금 같은 시간이더라고요. 책을 읽으면서 오랫동안 잊고 있었던 독서의 즐거움을 다시 느꼈고, 이런 생산적인 시간을 가질 수 있다는 것 자체가 너무 뿌듯했어요."

일주일 동안 미경 씨는 미뤄둔 에세이 한 권을 완독하고 새로운 소설을 두 권이나 더 읽기 시작했습니다. 디지털 기기 없이도 충분히 풍요로운 시간을 보낼 수 있다는 자신감을 얻게 되었습니다.

더욱 놀라운 변화는 가족 관계에서 일어났습니다. 첫날 저녁 식사 시간은 다소 어색했지만, 둘째 날부터는 자연스럽게 대화가 시작되었습니다.

"처음에는 '오늘 학교에서 뭐 했어?'와 같은 평범한 질문으로 시작했는데, 아이들이 스마트폰이 없으니까 더 집중해서 자세하게 이야기해주더라고요. 그러다 보니 자연스럽게 친구 관계나 평소의 고민에 대해서도 조금씩 말하던데요?"

큰딸은 대학 진학에 대한 고민을 털어놓았습니다. "엄마, 사실 제가 원하는 전공이 있는데, 성적이 안 돼서 고민이에요." 평소에는 바쁜 일상에 치여 이런 깊은 대화를 나눌 기회가 없었지만, 디지털 디톡스를 통해 여유가 생기니 자연스럽게 서로의 마음을 열고 이야기할 수 있게 되었습니다. 아들도 마찬가지였습니다. "같은 반 친구랑 싸웠는데, 어떻게 해결해야 할지 모르겠어요."

"그동안 우리가 얼마나 서로에 대해 모르고 살았는지 깨달았어요. 저는 딸이 대학에 가서 무엇을 전공하고 싶어하는지도 이번에야 알았어요. 아이들의 일상, 고민, 꿈에 대해 엄마로서 전혀 몰랐더라고요. 그리고 우리 부부도 마찬가지였어요. 서로 바쁘다는 핑계로 진짜 대화를 하지 않고 있었던 거예요."

디지털 디톡스는 가족 관계뿐만 아니라 미경 씨 개인에게도 중요한 변화를 가져다주었습니다. 스마트폰이 없는 시간 동안 자신의 보다 깊은 내면과 마주할 수 있게 된 것입니다.

"스마트폰을 보지 않고 혼자 있는 시간이 생기니까, 그동안 잊고 있었던 것들에 대해 깊이 생각할 수 있었어요. 내가 정말 원하는 것이 무엇인지, 앞으로 어떤 삶을 살고 싶은지, 가족에게 어떤 아내, 어떤 엄마가 되고 싶은지."

미경 씨는 저녁 시간에 일기를 쓰면서 하루를 돌아보는 습관을 소중하게 여겼습니다. 아이들과 나눈 대화, 남편과 함께한 시간, 자신이 느낀 감정들을 글로 정리하면서 스스로의 마음 상태를 객관적으로 파악할 수 있게 되었습니다.

"일기를 쓰면서 제 안에 이렇게 많은 생각과 감정이 있다는 걸 새삼 느꼈어요. 평소에는 스마트폰에 정신이 팔려서 제 마음을 들여다볼 여유가 없었는데, 이제는 제가 무엇을 느끼고 생각하는지 명확하게 알 수 있게 됐어요."

일주일이 지난 후, 미경 씨 가족은 모두 놀라운 변화를 경험했다고 말했습니다.

"한 주 동안 우리는 정말 많은 이야기를 나눴어요. 아이들의 고민과 꿈을 더 깊이 이해하게 되었고, 우리 부부의 젊은 시절 이야기도 들려줬죠. 스마트폰 없이도 충분히 재미있고 또 의미 있는 대화를 나눌 수 있다는 걸 깨달았어요. 그리고 무엇보다도 나 자신과 대화할 수 있는 시간을 가질 수 있어서 좋았어요."

일주일간의 프로젝트가 성공적으로 끝난 후, 미경 씨 가족은 이 습관을 계속 유지해보기로 합니다. 다만 그 규칙을 처음보다는 조금 더 유연하게 적용하기로 했습니다.

"주중에는 저녁 식사 시간과 오후 9시 이후를 디지털 디톡스 타임으로 징하고, 주말에는 가족 활동 시간을 따로 만들어서 함께 산책하거나 보드게임을 하기로 했어요. 스마트폰을 완전히 끊는 것은 현실적으로 어렵지만, 의식적으로 가족과 자신에게 집중하는 시간을 만드는 것은 충분히 가능하더라고요."

현재 미경 씨는 출근길에는 쇼츠를 보는 대신 팟캐스트나 오디오북을 듣고, 점심시간에는 동료들과 대화를 나누며, 퇴근 후에는 독서나 운동을 하며 시간을 보냅니다.

"6개월이 지난 지금, 전 예전보다 훨씬 깊이 있는 언어를 구사할 수 있게 됐어요. 책을 통해 새로운 지식을 얻고, 가족과의 대화를 통해 다양한 감정을 공유하고, 무엇보다 저 자신의 마음을 들여다보는 능력이 생겼거든요. 이러한 변화가 일상의 언어에도 자연스럽게 반영되고 있는 것 같아요."

## 스마트폰에서 눈을 돌려 나에게 말 걸기

우리는 디지털 기기를 통해 외부와 24시간 연결되어 있지만, 정작 나 자신과의 연결은 끊겨가고 있는지도 모릅니다. 미경 씨의 사례에서 보았듯이, 디지털 디톡스는 단순한 휴식이 아닙니다. 그것은 그동안 살피지 못했던 우리의 내면을 돌아보고 진정한 자아를 발견하는 중요한 과정입니다. 그리고 이러한 내적 성찰은 더욱 풍부하고 진정성 있는 소통으로 이어질 수 있습니다.

오늘부터 하루에 30분이라도 디지털 기기에서 벗어나, 주변과 자신을 여유롭게 들여다보는 시간을 가져보시는 것은 어떨까요? 그 작은 실천이 우리의 언어는 물론 일상과 미래까지도 긍정적으로 바꾸는 출발점이 되리라 믿습니다.

## 언어 일기 쓰기:
## 매일의 언어 사용 돌아보기

"오늘 나는 어떤 말을 했을까?" 하루를 마무리하며 스스로에게 이런 질문을 던져본 적이 있으신가요? 우리는 매일 수많은 말을 하지만, 정작 그 말들을 깊이 있게 돌아보는 경우는 드뭅니다.

그래서 저는 '언어 일기 쓰기'를 제안합니다. 이는 일상에서 사용하는 언어를 의식적으로 관찰하고 기록하며 성찰하는 행위입니다. 언어 일기 쓰기 역시 우리의 언어 습관을 개선하고, 더 효과적인 의사소통 능력을 기르는 데 중요한 역할을 할 수 있습니다.

## 언어 일기를 통한 체계적 자기 성찰

36세의 젊은 나이에 영업팀장이 된 박 팀장, 그는 최근 팀원들과의 소통에서 어려움을 겪고 있었습니다. 능력을 인정받아 승진했지만, 리더십과 소통 방식에서는 아직 미숙한 면이 많았던 겁니다. 회사에서는 소통을 잘하는 법이나 리더십을 발휘하는 법에 대해 따로 가르쳐주지 않으니까요. 어느 날 아침 팀 회의에서 벌어진 상황은 그가 소통하는 방식의 문제점을 여실히 보여주었습니다.

박 팀장 : 이번 달 다들 왜 이래요? 목표를 달성하지 못하면 곤란하다고 여러 번 말했잖습니까.

팀원 1 : 저… 그런데요 팀장님, 이 자료에서 보실 수 있듯이, 이러이러한 상황상 목표에 도달하기는 현실적으로 너무 어려울 것 ·

박 팀장 : 아니요, 이런저런 변명은 하지 마시고 무슨 일이 있어도 달성하도록 하세요. 팀장인 저의 지시입니다. 알겠

어요?

팀원들: (침묵)

회사에서 자주 보는 모습이죠? 이 대화에서 박 팀장은 팀원의 말을 끝까지 듣지 않고 중간에 가로막았으며, 일방적이고 권위적인 어조로 지시를 내렸습니다. 팀원들의 굳어진 표정과 어색한 침묵은 그의 소통 방식이 얼마나 부적절했는지를 보여주는 신호였습니다.

퇴근 후 하루를 돌아보는 박 팀장이라고 마음이 편했을까요? 당연히 불편했습니다. 얼굴에 불만과 난감함이 가득한 팀원들에게 싫은 소리를 해야 하는 것, 너무 힘들었습니다. 회의 시간에 주고받았던 대화를 되돌아봤습니다. 자신의 소통 방식에 문제가 있었음을 인정하지 않을 수가 없었습니다. 이를 어떻게 개선해나갈지 고민하던 박 팀장은 '언어 일기'를 써보기로 합니다.

상황: ○월 ○일 아침 팀 회의

내가 한 말 : "이번 달 목표를 반드시 달성해야 합니다. 변명하지 마시고 무슨 일이 있어도 달성하도록 하세요. 팀장인 저의 지시입니다. 알겠어요?" (팀원의 말이 끝나기 전 말을 가로챘다.)

상대방의 반응 : (팀원들은 아무 말도 없었다. 그리고 표정이 굳어졌다.)

내가 느낀 감정 : (목표 달성에 대한 압박감과 불안감이 컸다. 동시에 팀장으로서 권위를 보여야 한다는 부담감도 있었다.)

상대방이 느꼈을 감정 : (자신의 의견이 무시당했다는 기분, 좌절감, 위축감을 느꼈을 것 같다.)

이렇게 말했다면? : "목표 달성이 쉽지 않은 상황인 것 같네요. 여러분에게 어떤 어려움이 있는지 자세히 들어보고, 함께 해결 방안을 찾아보겠습니다. 조금 힘들겠지만, 목표에 이르지 못하더라도 최대한 근접할 수 있도록 우리 함께 노력해봐요."

다음에 실천할 점: 팀원들의 말을 중간에 끊지 말고 끝까지 듣기, 권위적 표현 대신 협력적 표현 사용하기, 일방적 지시보다는 함께 문제를 해결하려는 자세 보이기

이렇게 한 달 동안 매일 언어 일기를 쓰면서, 박 팀장은 자신도 모르게 지나치게 강압적이고 일방적인 표현을 사용해왔다는 것을 깨달았습니다. 언어 일기는 그에게 다음과 같은 중요한 통찰을 제공해주었습니다.

### 언어 패턴의 발견

그는 "반드시", "무조건", "제 지시입니다"와 같은 강압적 표현을 자주 쓰고 있었습니다. 또한 팀원들의 의견을 충분히 듣기보다는 성급하게 결론을 내리려는 경향이 있었습니다.

### 감정 상태의 인식

목표 달성에 대한 압박감과 젊은 리더로서의 불안감이 그의 언어 사용에 부정적 영향을 미치고 있음을 알게

되었습니다.

**상대방의 관점 이해**

팀원들이 그의 말을 어떻게 받아들였을지 상상하면서, 자신의 언어가 상대방에게 미치는 영향을 구체적으로 인식하게 되었습니다.

**대안적 표현의 모색**

같은 의미를 어떻게 하면 더 협력적이면서도 효과적으로 전달할 수 있을지 고민하고 연습하게 되었습니다.

## 언어 일기는 내면의 나를 만나는 통로다

언어 일기를 통해 자신의 문제점을 명확히 인식한 박 팀장은 나음 회의 시간이 끝날 즈음 용기를 내어 팀원들에게 솔직하게 말합니다.

"여러분, 오늘 말씀드릴 게 있어요. 그동안 제가 여러분과 소통하는 방식에 문제가 있었다는 것을 깨달았습니다. 의욕이 앞서다 보니 너무 일방적이고 권위적으로 말씀드린 부분들이 많았는데, 앞으로는 여러분의 의견을 더 적극적으로 경청하며 함께 문제를 해결하는 팀장이 되겠습니다. 불편하셨던 점이 있다면 언제든 말씀해주세요."

박 팀장의 솔직한 고백과 변화에 대한 의지가 팀 분위기를 눈에 띄게 개선하지 않았을까요?

우리가 일기를 쓰는 이유는 무엇일까요? 내 행동과 생각, 감정을 돌아보기 위해서 아닐까요? 언어 일기는 단순한 기록을 넘어 자기 내면을 성찰하고 개선할 수 있는 통로입니다. 말로는 드러내기 모호했던 생각과 감정이 글로 표현되는 순간 명확해지고, 보다 객관적으로 분석할 수 있는 대상이 됩니다. 같은 맥락에서, 언어 일기를 씀으로써 우리는 자신의 언어 사용 패턴을 깊이 이해하고, 이를 반영하여 보다 효과적인 소통을 할 수 있게 됩니다.

평소 일기 쓰기에 익숙하지 않던 분들이라면 언어 일기가 처음에는 번거롭고 시간이 걸리는 일로 느껴질 수 있습니다. 하지만 박 팀장의 사례에서 보듯이, 언어 일기를 통해 자신의 언어 습관을 돌아보고 바로잡는 과정은 개인적 성장을 이룰 뿐만 아니라 조직 전체에도 긍정적인 영향을 미칠 수 있습니다. 하나의 작은 성찰이 관계를 변화시키고, 나아가 더 큰 변화의 출발점이 될 수 있는 것입니다. 언어 일기는 우리를 더욱 성숙하고 뛰어난 소통자로 만드는 소중한 도구가 되어줄 것입니다.

## 멘토와 롤모델 찾기:
## 언어 사용의 본보기 삼기

말은 곧 그 사람의 인격이라고도 하죠. 이는 언어가 우리의 인격을 보여주는 결정적인 척도임을 잘 보여주는 말입니다.

하지만 자신의 언어 습관을 개선하고 싶어도 막상 무엇부터 어떻게 시도해야 할지 잘 모르는 경우가 많습니다. 이때 멘토나 롤모델을 찾는 것은 큰 도움이 될 수 있습니다. 훌륭한 언어 사용자의 언어 습관을 면밀히 관찰하고 배우는 것역시 소통 능력을 높여주는 좋은 방법입니다.

32세 고등학교 교사 김 선생님은 학생들과의 소통에서 근본적인 어려움을 겪고 있었습니다. 수학이라는 학문의 특성상 학생들의 흥미를 불러일으키고 이해도를 높이기 위해서는 특별한 교수법이 필요했지만, 김 선생님의 전통적인 접근 방식은 한계가 있었던 겁니다. 삼각함수를 다룬 한 수업에서 이러한 문제점이 잘 드러납니다.

> 김 선생님 : "여러분, 오늘은 삼각함수에 대해 배워볼 거에요. 삼각함수란 각에 대한 함수로서, 삼각형의 각과 변의 길이를 연관시킨 것입니다. 삼각형의 연구뿐만 아니라 소리나 빛의 파동과 같은 다양한 주기적 현상을 설명하는 데 이용되지요. 대표적인 삼각함수로는 사인, 코사인, 탄젠트가 있어요. 자, 삼각형이 이렇게 있으면 사인 공식은 $sinA$는 c분의 a… 이거 시험에 나오니까 무조건 외워요!"

> 학생들 : (당황스러운 표정과 침묵)

일방직이고 기계적인 설명 방식은 학생들의 이해를 돕기보다는 오히려 수학에 대한 거부감을 증대시키는 결과를 낳았습니다. 추상적인 개념을 자신만의 구체적 언어로 번역해 전달하지 못하고, 학생들의 인지적 수준을 고려하지 않은 채 전문 용어를 무작정 나열하는 데 그쳤던 것입니다.

## 관찰하고, 묻고, 배우자

학생들의 절망이 가득한 모습을 본 김 선생님은 '아차!' 싶었습니다. 고민하던 김 선생님은 재미있는 수업으로 학생들에게 인기 있는 선배 교사를 멘토로 삼아 그의 수업을 체계적으로 관찰하기 시작했습니다. 몇 차례 선배 교사의 수업에 참관하고 수업 자료도 살펴본 후, 김 선생님은 용기를 내 조언을 요청했습니다. 선배 교사는 따뜻한 미소를 지으며 이렇게 말했습니다.

"김 선생님, 수업에서 가장 중요한 건 학생들의 마음을 먼저 여는 거에요. 아무리 훌륭한 지식이라도 마음의 문이 닫혀 있으면 들어갈 수 없거든요. 저는 항상 학생들이 '이미 알고 있는 것'에서 출발합니다. 삼각함수를 가르칠 때도 마찬가지예요. 갑자기 사인, 코사인을 외우라고 하면 학생들은 당황하죠. 대신 '너희들이 타본 회전목마나 관람

차를 생각해봐'라고 이야기하며 시작하면 어떨까요? 그런 친숙한 경험에서 출발해서 점차 수학적 개념으로 연결해 나가는 거죠."

선배는 계속해서 설명했습니다.

"그리고 무엇보다, 학생들과 '대화'를 나누려고 해보세요. 일방적으로 설명만 하지 말고 '어떻게 생각해?', '왜 그럴까?'와 같은 질문을 계속 던져보세요. 틀린 답을 해도 '기발한 생각이네. 다른 관점에서 한 번 더 생각해볼까?'라며 격려하고요. 학생들은 자기가 존중받는다고 느낄 때 비로소 마음을 열고 적극적으로 참여하거든요."

선배 교사는 복잡한 개념을 학생들에게 익숙한 일상적 경험과 연결해 설명하는 능력이 탁월했습니다. 딱딱하고 경직된 수업 분위기를 유연하고 친근하게 전환해주는 언어적 장치들을 효과적으로 활용하는 것이죠. 하지만 김 선생님이 선배로부터 얻게 된 가장 큰 화두는 '학생을 어떤 존재로 생각하는가?'에 관한 것이었습니다. 선배는 학생들을 일종의

'고객'이라고, 그리고 자신은 서비스를 제공하는 '판매자'라고 생각했습니다. 학습자의 정서적 상태를 고려한 사려 깊은 교수법은 이러한 지점에서 나온 것이었습니다.

멘토의 교수법을 체계적으로 관찰하고 분석한 김 선생님은 자신의 수업 방식을 근본적으로 개선하기 시작했습니다. 몇 주간의 준비 과정을 거쳐 새로운 접근 방식을 시도한 삼각함수 수업은 다음과 같이 진행되었습니다.

김 선생님 : 오늘은 삼각함수에 대해 함께 배워볼 거예요. 여러분, 삼각함수라는 용어에 대해 들어본 적 있나요?

학생들 : (침묵)

김 선생님 : 어렵게 들리죠? 하지만 걱정하지 마세요. 삼각함수의 원리는 당장 우리 주변에서도 쉽게 찾아볼 수 있거든요. 어렸을 때 놀이공원 가서 회전목마 타본 적, 다들 있죠?

학생들: 네!

김 선생님: 그 회전목마가 빙글빙글 돌아가는 모습에 바로 삼각함수의 원리가 숨어 있어요. 어떤 원리가 있는지 함께 알아볼까요?

김 선생님의 수업에서 가장 핵심적으로 바뀐 것은, '삼각함수'라는 추상적인 수학 개념을 학생들의 구체적 경험인 '회전목마'와 연결지어 친숙함을 조성한 것이었습니다. 일방적으로 설명하는 대신 질문을 던지면서 쌍방향 소통을 시도했으며, 복잡한 개념을 한꺼번에 제시하지 않고 하나씩 단계적으로 접근하는 점진적 방식을 채택했습니다. 무엇보다 '함께'라는 표현을 통해 공동 학습의 분위기를 조성하는 학습자 중심적 태도를 보여주었습니다.

기대되는 효과는 무엇일까요? 어렵고 추상적이라고만 여겨지던 수학이 흥미롭고 실용적인 학문으로 인식되기 시작하면서 수학에 대한 근본적인 인상이 바뀔 겁니다. 나아가 교사와 학생 간의 관계는 권위적이고 일방적인 관계에서 협력적이고 상호적인 관계로 개선될 것이고요. 이를 통해 학생들의 수학 성적이 오름은 물론 수학에 대한 흥미와 자신감이 동시에 증진된다면 좋겠습니다.

## 멘토와 롤모델은 먼 곳에 있지 않다

앞에서도 소개했던 파블로 피카소의 말입니다. "좋은 예술가는 베끼고, 위대한 예술가는 훔친다." 롤모델을 통한 학습은 일차원적인 모방이 아니라 우리만의 독특한 능력을 개발시키는 탁월한 방법임을 의미합니다. 타인의 우수한 언어 사용 습관을 관찰하고 분석하는 과정에서 우리는 언어의 다양한 가능성을 발견하게 되고, 이를 자신의 언어 맥락에 맞게 재구성함으로써 자신만의 독창적인 소통 방식을 개발할 수 있게 됩니다.

김 선생님의 소통 방식을 바꾼 출발점 역시 멘토 혹은 롤모델의 발견이었습니다. 언어를 사용하는 데 있어 여러분이 존경하는 멘토 혹은 롤모델을 한 명 정해, 그의 장점을 체계적으로 관찰하고 나에게 체화시켜보세요. 멘토와 롤모델은 저 멀리에 있지 않습니다. 그 사람은 유명한 강연자일 수도 있지만, 당장 내 주변의 동료나 선배일 수도 있습니다. 중요한 것은 그들이 언어를 사용하는 패턴에서 배울 포인트를 발견하고, 이를 자신만의 방식으로 발전시켜나가는 것입니다. 이러한 학습은 우리를 더욱 성숙하고 세련된 소통자로 만들어줄 것입니다.

## 끊임없는 자기계발 :
## 평생 학습자의 자세 유지하기

"배움에는 끝이 없다." 예전엔 식상하다고만 느꼈을 이 말을 이제는 진지하게 곱씹어보게 됩니다. 그야말로 배우지 않으면 '도태'되는 시대니까요. 커뮤니케이션에 있어서도 마찬가지입니다. 효과적인 의사소통을 위해서는 지속적으로 움직여야 합니다. 배움을 멈추지 않겠다는 자세, '평생 학습자'의 자세를 유지하는 것은 시대와 환경에 맞게 우리의 소통 능력을 발휘할 수 있게 해주는 핵심 요소입니다.

더군다나 디지털 혁명과 글로벌화로 인해 소통의 형태가 급속도로 변화하고 있는 현시대에, 과거의 낡은 언어 능력만으로는 효과적인 의사소통을 보장할 수 없습니다. 새로운 매체와 기술, 변화하는 시대의 가치관, 그리고 소통 창구의 다양화는 우리에게 지속적으로 학습하고 적응할 것을 요구하고 있습니다.

## '지금의 나'에 안주하지 않는다

45세 중견 관리자 박 이사는 최근 젊은 직원들의 AI를 활용한 프레젠테이션 스킬에 압도되어 깊은 위기감을 느꼈습니다. 수십 년간 쌓아온 경험과 전문성에도 불구하고, 새로운 세대의 혁신적인 소통 방식 앞에서 자신의 한계를 절감하게 된 것입니다.

이러한 위기의식을 통해, 박 이사는 자신의 소통 능력을 근본적으로 개선하기 위해 체계적인 학습을 거쳤습니다. 먼저 프레젠테이션에 대한 온라인 강좌를 수강하며 최신 프레젠테이션 이론과 기법을 학습했고, 매일 TED 강연 영상을 한 편씩 시청하며 세계적으로 유명한 연사가 사용하는 언어와 전달 기술을 분석했습니다. 또한 새로운 디지털 프레젠테이션 도구들도 꾸준히 익히며 기술적 역량도 확충했습니다.

6개월간의 집중적인 학습과 연습을 통해, 박 이사는 어떻게 달라졌을까요? 박 이사는 자기가 맡고 있는 30여 명의 부서원에게 '디지털 전환'이라는 주제로 발표를 하게 되었습니다. 시작은 이러했습니다. "여러분, 오늘 우리는 '디지털 전환'이라는 중요한 주제에 대해 이야기하려 합니다. 먼저 여러분께 한 가지 질문을 드리고 싶습니다." 그는 화면에 QR코드를 띄우며 요청했습니다. "지금 보이는 이 QR코드를 스캔해 주시겠습니까?" 참석자들이 스마트폰으로 QR코드를 스캔하자 간단한 설문 페이지가 나타났습니다. 박 이사는 이를 활용해 참석자들과 상호작용합니다.

"자, 이제 여러분의 응답이 실시간으로 이 화면에 나타나고 있습니다. 보시다시피, 우리 회사 구성원의 약 80%가 디지털 전환의 필요성을 느끼고 있군요. 그렇다면 우리는 어떻게 이 변화를 추진해야 할까요? 오늘 저는 세 가지 핵심 전략을 제안하려 합니다."

전통적인 단방향 프레젠테이션에서 벗어나 청중과의 실시간 상호작용을 통해 몰입도를 높이고, 데이터를 기반으로 논리를 설득력 있게 전개하지 않았나요? 이날 그의 프레젠테이션은 많은 호응을 얻었고, 조직 내에서 그의 위상도 높아지는 데 공헌했으리라 봅니다.

## 배움의 가치를 잊지 않는 평생 학습자

박 이사는 회사에서 소위 말해 '잘나가는' 사람입니다. 하지만 그에게도 지속적인 자기계발은 필요합니다. 특히 소통하는 방식의 경우에는 디지털 도구 등을 이용한 혁신적인 방법을 필수적으로 도입해야 합니다.

먼저 온라인 강좌, 워크숍, 독서, 실습 등 다양한 학습 창구를 균형 있게 활용해야 합니다. 각각의 학습 방법마다 고유한 장점과 특성이 있으므로 이를 종합적으로 활용할 때 최대의 효과를 얻을 수 있습니다. 그리고 매일 또는 매주 일정 시간을 학습에 할애하는 '루틴'을 확보해야 합니다. 지속성이야말로 진정한 변화를 가능하게 하는 핵심 요소이기 때문입니다.

익숙하지 않은 분야나 기술에 과감하게 도전하는 자세

도 중요합니다. 박 이사가 새로운 디지털 도구들의 사용법을 익힌 것처럼 기존의 '안전지대'를 벗어나는 용기가 필요합니다. 또한 배운 내용을 실제 상황에 적용하고 그 효과를 검증하는 과정을 통해 학습의 실효성을 확보해야 합니다.

마지막으로 함께 학습하며 성장할 수 있는 동료나 그룹을 만드는 것도 중요합니다. 박 이사는 지속적인 성장을 위해 최근 같은 업계 종사자들이 모여 있는 지역 커뮤니티에 가입했습니다. 새로운 학습 공동체에의 진입은 박 이사에게 지속적으로 동기를 부여해주고 상호 피드백의 기회 또한 제공해 줄 것입니다.

하나 더, 자기계발에는 나이나 환경의 제약이 없다는 점도 잊지 말아야 합니다. 은퇴 후에도 새로운 도전을 멈추지 않는 많은 사람들의 사례가 이를 증명합니다. 65세에 새로운 외국어를 배우기 시작해 통역사 자격증을 취득한 분, 70세에 대학에 입학해 평생의 꿈이었던 역사학 전공을 시작한 분, 은퇴 후 촬영 및 편집 기술을 익혀 유튜브 크리에이터로 왕성하게 활동하는 분은 우리 주변에서 어렵지 않게 찾아볼 수 있습니다.

현대 사회는 '무한히 배워야 하는 사회'라고 합니다. 기술의 발전, 사회 구조의 변화, 그리고 소통 방식의 진화는 우리에게 지속적인 적응과 학습을 요구하고 있습니다. 이러한 환경에서 학습을 멈추는 것은 곧 정체를 의미하며, 반대로 꾸준한 학습은 경쟁력의 원천이 됩니다. 특히 언어와 소통 능력은 이러한 변화의 최전선에 있습니다. 새로운 매체의 등장, 세대 간 소통 방식의 차이 등은 모두 우리의 언어 능력에 새로운 도전을 제기하고 있습니다.

배워야 합니다. 이미 세상의 정점에 오른 인물들이 오히려 우리보다 더 열심히 자신의 역량을 갈고닦고 있음을 기억해야 합니다. 2024년 노벨문학상을 수상한 한강 작가는 세계적인 문학가로 인정받은 후에도 자기계발을 멈추지 않고 있습니다. 그는 한 인터뷰에서 "머리와 마음을 채우기 위해 매일 시집과 소설을 한 권씩 읽는다"라고 밝혔습니다. 이미 문학적 성취의 정점에 도달한 작가조차도 지속적인 학습과 성찰을 통해 자신의 역량을 발전시켜나가고 있음을 보여주는 의미 있는 사례입니다.

한강 작가의 이러한 학습 루틴은 창작자로서의 감수성과 상상력을 확장하고, 새로운 표현 방식과 문학적 영감을 얻기 위한 의식적 노력이라 할 수 있습니다. 그의 변함없는 자세는 진정한 전문가가 갖추어야 할 겸손함과 성장 의지를 보여줍니다. 노벨상 수상자도 이렇게 노력하는데, 더 나은 미래를 꿈꾸는 우리라면 더욱 배워야 하지 않겠습니까? 저 자신에게 묻습니다. "나는 어떤 사람이 되고 싶은가?" 어떤 위치에 있든 배움의 가치를 잊지 않는 평생 학습자로 살고 싶습니다. 어제보다 오늘, 오늘보다 내일 더 나은 내가 되고 싶습니다.